Recepção, atendimento e técnicas secretariais

Dados Internacionais de Catalogação na Publicação (CIP)
(Jeane Passos de Souza – CRB 8ª/6189)

Almeida, Walkiria
    Recepção, atendimento e técnicas secretariais / Walkiria Almeida. —São Paulo : Editora Senac São Paulo, 2020.

Bibliografia.
ISBN 978-65-5536-398-2 (impresso/2020)
e-ISBN 978-65-5536-399-9 (ePub/2020)
e-ISBN 978-65-5536-400-2 (PDF/2020)

1. Recepcionista 2. Atendimento ao cliente 3. Prática de escritório 4. Secretariado I. Título.

20-1203t   CDD – 651.3741
                                                 BISAC BUS089000

Índice para catálogo sistemático:
  1. Recepcionista : Atendimento ao cliente 651.3741
  2. Secretariado : Serviços de escritório 651.3741

WALKIRIA ALMEIDA

Recepção, atendimento e técnicas secretariais

Editora Senac São Paulo – São Paulo – 2020

ADMINISTRAÇÃO REGIONAL DO SENAC NO ESTADO DE SÃO PAULO
Presidente do Conselho Regional: Abram Szajman
Diretor do Departamento Regional: Luiz Francisco de A. Salgado
Superintendente Universitário e de Desenvolvimento: Luiz Carlos Dourado

EDITORA SENAC SÃO PAULO
Conselho Editorial: Luiz Francisco de A. Salgado
Luiz Carlos Dourado
Darcio Sayad Maia
Lucila Mara Sbrana Sciotti
Jeane Passos de Souza

Gerente/Publisher: Jeane Passos de Souza (jpassos@sp.senac.br)
Coordenação Editorial/Prospecção: Luís Américo Tousi Botelho (luis.tbotelho@sp.senac.br)
Dolores Crisci Manzano (dolores.cmanzano@sp.senac.br)
Administrativo: grupoedsadministrativo@sp.senac.br
Comercial: comercial@editorasenacsp.com.br

Edição e Preparação de Texto: Vanessa Rodrigues
Revisão de Texto: Karen Daikuzono
Projeto Gráfico e Editoração Eletrônica: Veridiana Freitas
Capa: Veridiana Freitas
Ilustração de capa: Adobe Stock
Impressão e Acabamento: Gráfica CS

Proibida a reprodução sem autorização expressa.
Todos os direitos desta edição reservados à
Editora Senac São Paulo
Rua 24 de Maio, 208 – 3º andar
Centro – CEP 01041-000
Caixa Postal 1120 – CEP 01032-970 – São Paulo – SP
Tel. (11) 2187-4450 – Fax (11) 2187-4486
E-mail: editora@sp.senac.br
Home page: http://www.livrariasenac.com.br

© Editora Senac São Paulo, 2020

SUMÁRIO

NOTA DO EDITOR 7

AGRADECIMENTOS 9

MERCADO DE TRABALHO 11

O CLIENTE 39

O ATENDIMENTO 57

TÉCNICAS SECRETARIAIS 89

ORGANIZAÇÃO DE EVENTOS PROFISSIONAIS 125

CAPÍTULO EXTRA – GESTÃO DE CARREIRA 155

REFERÊNCIAS 167

ÍNDICE GERAL 171

NOTA DO EDITOR

No passado, existiam algumas pesquisas que apontavam que um cliente insatisfeito comentava sobre a empresa com treze pessoas. Quando estava satisfeito, falava com somente seis. O avanço das comunicações – incluindo as redes sociais – e o próprio amadurecimento do consumidor, que está mais crítico e exigente, ampliaram o impacto do compartilhamento das impressões dos clientes. Como reclamar é mais comum do que elogiar, aumenta a preocupação das empresas em proporcionar um atendimento que supere as expectativas e cresce a valorização de profissionais qualificados, que saibam "fazer a ponte" com os clientes, encantando-os e contribuindo para a fidelização.

A experiência de três décadas da autora no ambiente corporativo e sua prática na docência se refletem na organização das informações deste livro. O percurso envolve o leitor à medida que vai ampliando seu conhecimento. De início, seu papel profissional e o mercado em que atua; depois, os perfis de clientes e as estratégias para melhor atendê-los; na sequência, técnicas secretariais e organização de eventos – competências que formam um profissional mais completo e versátil. Por fim, um capítulo dedicado à gestão de carreira, inspirando quem lê a prosseguir em seu desenvolvimento.

Com a presente obra, o Senac São Paulo contribui decisivamente para aprimorar uma gama expressiva de profissionais – recepcionistas, telefonistas, assistentes administrativos, profissionais de secretariado, operadores de telemarketing – e reafirma sua missão de educar para o mundo do trabalho.

AGRADECIMENTOS

A Deus, que tornou possível a concretização de mais um sonho e me presenteou com este livro. À equipe do Senac, que acreditou no meu trabalho, possibilitando o lançamento desta obra.

Ao meu pai, Aníbal Gomes de Almeida, e à minha mãe, Maria David de Almeida (ambos em memória), que guiaram os meus primeiros passos na educação.

À minha filha, Maria Witória A. Morales da Silva, pelo carinho, pela compreensão e pela contribuição em todas as etapas deste livro.

Ao meu marido, amigo e grande incentivador do meu trabalho, Orlando Ferreira Alves, pela parceria de quinze anos.

À minha irmã, Wilma Gomes de Almeida, e aos meus sobrinhos, Zaira Beraldo Giglio e Leandro Beraldo, por torcerem sempre por mim e pelo carinho habitual.

À minha amiga Rosemary Neves de Sales Dias, pela revisão dos textos, pelo apoio incondicional aos meus projetos e, principalmente, pela amizade e pelo carinho.

À minha querida amiga Adriana Vilhena, que não mediu esforços para me ajudar nas pesquisas, mantendo sempre a alegria e a motivação. A sua contribuição foi ímpar.

À minha amiga Cássia Maria Paula Lima, pela indicação deste projeto e pelo carinho habitual.

A Elídia Ribeiro, uma grande amiga, que sempre me apoia e embarca nas minhas ideias aventureiras com muito profissionalismo e humor. O seu incentivo foi vital para este projeto.

Às minhas amigas e parceiras Bete D'Elia, Cláudia Avelino e Solange Costa, pelo estímulo e pelo carinho.

Às amigas Aline Zilamar P. da Cruz, Eliane Gonçalves, Lilian Cláudia Rocha, Heloiza Helena Ramos, Roseli Faleiro, Paola Almeida, Paula Rotta e Silvia Paschoalin, pela disponibilidade, pela excelente contribuição neste livro, pela dedicação e pelo carinho. Sem essa cooperação tudo teria sido mais difícil.

À minha amiga Cássia Ribeiro de Almeida, por acreditar no meu trabalho e me proporcionar excelentes oportunidades.

Ao meu amigo Sérgio Paiva, por confiar no meu trabalho e possibilitar uma experiência ímpar, por meio de projetos direcionados a Moçambique.

Aos meus queridos alunos, por acreditarem no meu profissionalismo e me incentivarem a continuar na docência, que é a minha missão.

Aos profissionais de secretariado, que enobrecem, a cada dia, a profissão que escolhi, a qual admiro e respeito.

A todos os alunos "estrelas", que passaram pela minha vida, me ensinaram e deixaram muito brilho.

MERCADO DE TRABALHO

PERFIL DO PROFISSIONAL 15

ÉTICA E *COMPLIANCE* 25

ETIQUETA 33

Atendimento ao cliente é toda assistência oferecida ao cliente que entra em contato com uma empresa, seja de prestação de serviços ou de comercialização de produtos. Esse cliente pode ser externo ou interno.

O cliente externo é o "grande público", que consome os produtos ou serviços da empresa. Nesse público externo, incluímos os representantes de outras empresas que fecham negócios com a instituição na qual o profissional de atendimento atua.

O cliente interno é representado pelos próprios colaboradores da empresa. Também fazem parte desse grupo os acionistas (ou seja, que possuem ações da empresa negociadas em bolsa de valores) e os chamados *stakeholders*. *Stakeholder* pode ser uma pessoa (ou um grupo) que tem interesse na empresa, sendo ou não investidor(a) dela. Em inglês, *stake* significa "interesse", "participação", "risco", e *holder* significa "aquele que possui".

No passado, as empresas não tinham a cultura de valorizar o cliente nem existia um órgão regulador que fiscalizasse a qualidade nos atendimentos. Tudo isso começou a mudar a partir de setembro de 1990, com o Código de Defesa do Consumidor (CDC). Desde então, as empresas passaram a se preocupar mais com a contratação de profissionais capacitados para atender ao cliente e a manter esses profissionais qualificados com cursos e treinos. Tudo para criar laços com os clientes, encantando-os com excelência e qualidade.

Esta parte do livro detalha o perfil do profissional das áreas relacionadas a atendimento e recepção. O que o mercado busca e precisa neste momento em que temos clientes muito mais informados, maduros e exigentes.

PERFIL DO PROFISSIONAL

O QUE O MERCADO ESPERA

Competência pode ser definida como a capacidade que um profissional tem de articular seus conhecimentos, habilidades e atitudes para a resolução de uma situação ou de um problema. Competência é uma palavra de ordem nas empresas. Ter competência hoje em diversos assuntos significa manter o seu emprego. Não faltar trabalho.

O mercado está constantemente em mudança (tecnologia, globalização, etc.), e cabe a cada profissional o desenvolvimento de competências.

O candidato é avaliado e analisado nos processos seletivos. As empresas aplicam testes sobre competências com o objetivo de verificar se o profissional que pleiteia determinado cargo é adequado para essa atividade.

Na área de atendimento e recepção, exemplos de conhecimentos, habilidades e atitudes que formam competências requeridas pelos empregadores são mostrados na figura a seguir.

COMPETÊNCIAS

CONHECIMENTOS
- Visão global do negócio
- Tendências de mercado de determinados segmentos
- Perfil, expectativas e necessidades dos clientes

HABILIDADES
- Identificar e atender as necessidades e as expectativas dos clientes
- Adaptar ações e atitudes de acordo com o perfil do cliente, a situação, a necessidade e o estado emocional
- Exercitar a flexibilidade
- Demonstrar disposição interna em evoluir sempre

ATITUDES
- Atender e superar as expectativas dos clientes
- Praticar a empatia (tratar o outro do modo como gostaria de ser tratado)
- Ter prazer em servir e encantar

Quando se trata do assunto competência, é necessário falar sobre alta *performance* dos profissionais de atendimento e recepção.

Temos uma alta *performance* quando atingimos todo o nosso potencial, aproveitando ao máximo as nossas habilidades.

Portanto, ter alta *performance* na área de atendimento significa fazer o melhor pelos clientes (internos e externos) e pelos visitantes. Manter ações e atitudes alinhadas com a missão, a visão, os valores, as metas da empresa.

As competências podem ser divididas em dois blocos: técnicas e humanas. As técnicas correspondem aos conhecimentos relativos à atividade profissional em si. As humanas têm a ver com inteligência emocional e postura profissional adequada, entre outros fatores.

TIPO DA COMPETÊNCIA	EXEMPLOS NA ÁREA DE ATENDIMENTO E RECEPÇÃO
COMPETÊNCIAS TÉCNICAS	Agenda
	Follow-up
	Pesquisa de dados
	Recebimento, triagem e encaminhamento de documentos e informações
	Arquivo (manual ou eletrônico)
	Organização – tarefas, informações e ambiente de trabalho
	Tecnologia da Informação (TI) e domínio de programas de informática (pacote Office)
	Comunicação escrita – elaboração de documentos

DESCRIÇÃO

Administrar a agenda de maneira organizada colabora com a produtividade dos profissionais. A agenda deve estar sempre atualizada, porque muitas pessoas dependem desse trabalho para cumprir os compromissos e obter resultados (ver página 102).

Acompanhar o andamento de uma tarefa contribui para o processo dinâmico de trabalho e colabora para as estratégias e os resultados da empresa. No *follow-up* (acompanhamento), podemos anexar documentos sobre determinada atividade, e, na agenda, somente as anotações importantes (ver página 103).

A maioria dos profissionais faz pesquisas na internet, e é comum que o profissional de atendimento e recepção receba a solicitação de pesquisar diversos assuntos. É importante que esse trabalho seja realizado em *sites* e fontes confiáveis (por exemplo, órgãos oficiais, instituições educacionais, veículos de comunicação especializados).

Uma das atividades do profissional de atendimento e recepção é receber documentos e encaminhá-los aos setores da empresa. É de suma importância prestar muita atenção, porque muitas vezes o documento vem em nome de alguém que não está acompanhando o assunto. Cabe ao profissional que recebe esse documento fazer o envio correto, sem falhas.

Os documentos preservados pelo arquivo podem ser de vários tipos (por exemplo, relatórios, projetos, atas, contratos, comunicados, entre outros) e em diferentes suportes (físico e digital). Conhecer o arquivo da empresa e o do setor é fundamental. O profissional de recepção e atendimento tem acesso direto aos arquivos e deve mantê-los de forma organizada (ver página 98).

Segundo o livro *Introdução à administração*, uma organização é uma combinação de esforços individuais que tem por finalidade realizar propósitos coletivos. Os documentos devem ser arquivados com organização e de acordo com critérios do setor. Exemplos de falta de organização:
- um cliente telefonou e solicitou uma informação sobre determinado projeto. O profissional de atendimento não conseguiu localizar com facilidade porque o documento não estava na pasta correta. O cliente teve que esperar;
- um profissional de recepção deixou um relatório importante em outro setor e acabou esquecendo. O gestor foi atender um cliente e precisou de uma informação que estava nesse documento. O gestor e o cliente tiveram de aguardar mais tempo para obter a resposta desejada.

Programas como Word (textos), Excel (planilhas) e PowerPoint (apresentações), entre outros, devem ser de conhecimento de todos que pretendem ingressar no mundo do trabalho. No caso de atendentes e recepcionistas, os programas de computador ajudam a preparar planilhas, *e-mails*, relatórios, agenda de telefones e agenda de compromissos, entre outros documentos.

Escrever sem erros e de forma clara é algo apreciado pelas empresas, pois contribui para o desempenho de todas as funções. Alguns documentos exigem mais formalidade, e outros podem ser menos formais (por exemplo, *e-mail* para os clientes internos). A área de atendimento e recepção utiliza com frequência a palavra escrita para preparar comunicados e *e-mails*, entre outros documentos.

(cont.)

TIPO DA COMPETÊNCIA	EXEMPLOS NA ÁREA DE ATENDIMENTO E RECEPÇÃO
COMPETÊNCIAS HUMANAS	Relacionamento interpessoal
	Inteligência emocional
	Postura profissional
	Bom humor
	Entusiasmo
	Comprometimento com a função, a empresa e os resultados
	Flexibilidade
	Capacidade de trabalhar em equipe
	Autoestima

DESCRIÇÃO

Quando o relacionamento interpessoal é valorizado pela empresa, o clima organizacional é leve e proporciona mais dinamismo e produtividade. Um bom relacionamento interpessoal inclui não deixar o colega sem *feedback* (retorno); evitar ruídos e mal-entendidos; ter diplomacia e cautela ao lidar com outras pessoas. O relacionamento interpessoal é importante em todas as áreas, mas na recepção e no atendimento essa competência será demonstrada com mais frequência.

Uma pessoa emocionalmente inteligente é aquela que percebe as suas emoções com mais facilidade. A inteligência emocional pode ser subdividida nestas habilidades:
- conhecer a si mesmo (características, sentimentos, limites, etc.);
- manter um equilíbrio emocional em todos os lugares e em todas as situações;
- motivar-se sempre (e não esperar que o outro faça isso por você);
- exercitar a empatia (colocar-se no lugar do outro).

O equilíbrio é primordial para atuarmos no receptivo e no atendimento ao cliente. A inteligência emocional contribui para lidar com situações e pessoas difíceis.

Quem atua na área de atendimento e recepção deve manter uma postura ética e discreta. Esse perfil é sempre valorizado pela empresa. O contrário pode ser um ponto negativo, gerando até uma demissão.

O bom humor será sempre um fator de um bom relacionamento. Uma pessoa bem-humorada pode deixar o ambiente mais leve. Essa competência pode ser desenvolvida por meio de um sorriso, uma atitude gentil, e contribui para a solução de um problema de forma leve e delicada.

A palavra entusiasmo vem do grego *enthousiasmos*, que significa "ter um deus interior". O profissional de atendimento e recepção deve manter o seu estado de entusiasmo sempre, pois lida com pessoas de vários perfis e histórias diferentes.

Os empregadores buscam profissionais comprometidos com o trabalho e também com a missão, a visão e os valores da empresa. O profissional de atendimento e recepção deve atuar com comprometimento em tudo o que executa.

No sentido figurado da palavra, flexibilidade é a qualidade de compreender e aceitar as opiniões e as ideias de outras pessoas. Normalmente, as pessoas flexíveis são consideradas diplomáticas. A capacidade que um indivíduo tem de realizar várias atividades ao mesmo tempo pode ser considerada um tipo de flexibilidade também.

O profissional de recepção e atendimento trabalha em conjunto com a equipe e deve manter um bom relacionamento com todos os colaboradores. O trabalho em equipe permite aprender mais e, também, compartilhar e disseminar informações. Essa competência faz com que as pessoas se autoavaliem continuamente.

Autoestima é a qualidade que pertence à pessoa dotada de confiança e que valoriza a si mesma. Um profissional com autoestima elevada age de forma positiva, motivado no trabalho e na vida social.

COMPETÊNCIA E GLOBALIZAÇÃO

Os profissionais devem estar habilitados para atuarem de forma intercultural, pois se relacionam com indivíduos de outros países. Isso significa que, para atender com qualidade, é necessário conhecer muitos aspectos do cliente, inclusive a cultura do seu país, caso seja estrangeiro.

PERFIL IDEAL

O atendimento é marcado pelo relacionamento, por esse motivo é fundamental que ocorra o diálogo entre cliente e atendente. O profissional precisa ter paciência para tirar dúvidas do cliente, ouvir seus problemas e resolvê-los. Coloque-se à disposição dele e ouça atentamente suas solicitações durante o tempo que for necessário.

Conhecer a empresa em que você trabalha, assim como os produtos e os serviços que ela oferece, gera credibilidade e lealdade. Ao apresentar respostas e possíveis soluções para as dificuldades ou dúvidas do cliente, o ideal é beneficiá-lo com decisões adequadas ao seu negócio. Ele se sentirá respeitado por você e por sua empresa.

Considerando as competências técnicas e humanas do quadro anterior, é possível consolidar uma lista com as 10 "leis" que o profissional de atendimento e recepção deve levar para a vida.

AS "LEIS" DO PROFISSIONAL DE ATENDIMENTO

TER ORGULHO DE ATENDER. As empresas esperam que o profissional esteja preparado para o encantamento. Ele "vestirá a camisa da empresa" e resolverá, de forma competente, todas as solicitações. O primeiro passo para fazer a diferença no mundo corporativo é se aperfeiçoar em tudo o que diz respeito ao cliente.

PRATICAR A CAPACIDADE DE OUVIR. A tecnologia trouxe muitos benefícios, mas também tornou o ambiente profissional acelerado e criou pessoas apressadas e distantes. Com isso, percebe-se que há um desejo de muitos de serem ouvidos em todos os lugares, seja na empresa ou na vida pessoal. O cliente tem necessidade de ser ouvido. O atendente precisa estar atento à linguagem verbal (e também à não verbal, se possível), para que possa entender e atender as demandas. (Sobre linguagem verbal e não verbal, ver páginas 61-62.) As pessoas estão cada vez mais desatentas e vivem em função de aparelhos celulares, computador, redes sociais... No momento em que o cliente chega na empresa ou telefona, é preciso parar o que está fazendo e lhe dar 100% de atenção.

TRABALHAR COM COMPROMETIMENTO. Comprometimento é uma palavra de ordem no mundo dos negócios. Um profissional comprometido influencia positivamente toda a equipe.

SER UM PROFISSIONAL CONFIÁVEL. Confiabilidade significa cumprir o que foi prometido e demonstra o comprometimento de todos os envolvidos em determinado trabalho. O cliente precisa considerar que lida com uma empresa de princípios morais e que poderá contar com ela quando for necessário.

CONHECER A EMPRESA (SEUS PRODUTOS OU SERVIÇOS). Não basta conhecer a empresa (missão, visão e valores). É necessário também estar informado sobre os produtos/serviços, clientes e concorrentes, além de acompanhar as informações, as mudanças e os projetos da empresa. Afinal, o profissional de atendimento é a ponte entre a empresa e o cliente.

PRATICAR A CORDIALIDADE. Cordialidade deve ser algo obrigatório em atendimento ao cliente. Ser cordial é ser educado, manter sempre a simpatia, falar e agir com gentileza. Cumprimentar com elegância: "Bom dia!", "Boa tarde!", "Boa noite!". Ter um sorriso nos lábios ou no olhar. O tom de voz deve ser baixo e transmitir espontaneidade e amabilidade.

SER EMPÁTICO E SOLIDÁRIO. Ser empático é ter a habilidade de entender a necessidade do outro; sentir o que uma pessoa está sentindo, colocando-se no lugar dela e vendo o mundo pela ótica dela. O cliente não gosta de ser visto como um número por algum funcionário com atitudes robóticas. Ser solidário é identificar a emoção que o outro está sentindo, a fim de entender mais sobre essa pessoa.

TER PROATIVIDADE E AGILIDADE PARA SOLUCIONAR PROBLEMAS. O cliente espera que os profissionais se antecipem às suas necessidades. O profissional de atendimento deve ser treinado para solucionar

(cont.)

os problemas do cliente. Não adiantará ser apenas simpático e educado se não dominar os assuntos requeridos para atender ao cliente.

SER ORGANIZADO. O profissional de atendimento lida com vários clientes na sua rotina, cada um com dúvidas distintas, reclamações e solicitações. Cada cliente apresenta um perfil, um histórico, uma demanda diferente. Desse modo, a competência técnica organização é fundamental para oferecer um atendimento eficiente.

PAUTAR A CONDUTA COM A ÉTICA. Ser ético no atendimento é falar a verdade, fazer marketing do positivo do produto ou serviço. Ser ético é agir com transparência, e não fazer propaganda enganosa somente para fechar algum negócio. É pautar o atendimento com atitudes verdadeiras e profissionais.

TREINAMENTO É NECESSÁRIO

O mercado de trabalho busca profissionais de atendimento e recepção que se encaixem nas 10 "leis" citadas anteriormente e que tenham facilidade na comunicação, habilidades na tecnologia, simplicidade e elegância no trato com os clientes.

As empresas estão investindo em treinamentos para que a equipe de atendimento seja coesa, determinada e ágil, e para que os talentos sejam retidos.

Os processos seletivos são exigentes em função do objetivo principal da empresa. Aquelas que valorizam o cliente se preocupam em capacitar o profissional a fim de que ele entenda e incorpore a filosofia da companhia; para que conheçam o perfil e o histórico da clientela.

O profissional contratado deve passar por uma integração em todos os setores, com o propósito de entender a dinâmica da empresa. Deve receber uma lista com nomes, cargos e função dos gestores. Com isso, se familiarizará com a cultura, o clima organizacional e as ferramentas de trabalho.

Cabe à empresa oferecer um ambiente limpo, bem decorado, sinalizado, funcional e confortável aos clientes externos e internos. Desse modo, a atmosfera se manterá positiva e propícia para a realização de negócios.

ÉTICA E *COMPLIANCE*

O QUE É ÉTICA PROFISSIONAL?

A palavra ética é derivada do grego *ēthikē* e significa "aquilo que pertence ao caráter". A ética deve ser incorporada por todas as pessoas, seja no ambiente profissional ou na vida pessoal. Não existe ser "meio ético".

A ética profissional tem como princípio a adequação às normas de conduta da empresa. É importante que o colaborador, ao ser admitido, tenha conhecimento do código de ética ou de conduta da empresa que o contratou.

Um bom ambiente de trabalho, com relações amigáveis e respeitosas, contribui para o clima organizacional, a produtividade e o comprometimento dos funcionários. Posturas antiéticas podem prejudicar a imagem da empresa.

CONDUTA ÉTICA AJUDA A CONQUISTAR E MANTER SEU EMPREGO

Segundo o *Guia da carreira*, site especializado em mercado de trabalho, os profissionais que constroem relações de qualidade entre os colegas e conquistam a confiança dos líderes com uma postura adequada e resultados concretos são os que obtêm maior sucesso em sua trajetória. É necessário:

- entender e respeitar os limites de sua função;
- zelar pelos materiais de trabalho, pelo patrimônio da organização e pela imagem.

Essas são condições básicas para a construção de uma postura ética no trabalho.

FATORES IMPORTANTES NA ÉTICA

HONESTIDADE. Fale sempre a verdade e assuma a responsabilidade por suas falhas. É muito melhor aprender com seus erros do que procurar um culpado.

SIGILO. Algumas informações de trabalho são extremamente sigilosas. Respeite a confidencialidade, mantendo o sigilo.

COMPETÊNCIA. Cumpra a sua função com comprometimento e consciência, visando o melhor resultado para a organização e para os colegas.

PRUDÊNCIA. Respeite a hierarquia da sua empresa e não interfira de forma negativa no trabalho de seus colegas.

HUMILDADE. Reconheça o seu espaço e o seu papel dentro da organização.

IMPARCIALIDADE. Aprenda a diferenciar as relações pessoais das profissionais e considere sempre como prioridade a realização do seu trabalho.

IMPORTÂNCIA DA ÉTICA NO ATENDIMENTO AO CLIENTE

A ética é fundamental no atendimento ao cliente e pode trazer estes benefícios para a empresa:

- demonstrar profissionalismo e respeito ao cliente;

- aumentar a confiança do cliente em relação ao produto ou serviço;
- evitar reclamações, multas ou penalidades dos órgãos reguladores;
- garantir a satisfação do cliente sempre.

Alguns motivos da falta de ética no atendimento ao cliente

Percebe-se que a falta de ética não está ligada apenas a condutas prejudiciais; é algo muito maior que isso. Em alguns casos, a empresa não possui uma cultura sólida de transparência e não investe em profissionais capacitados. Isso quer dizer que existem diversos motivos para a falta de ética no atendimento ao cliente. Alguns exemplos são os citados a seguir.

- **DESPREPARO DOS COLABORADORES.** A falta de ética pode ser um reflexo direto do despreparo dos seus colaboradores. Seja a oferta de um serviço que não está disponível ou garantir prazos e níveis de qualidade que a empresa não pode cumprir. A equipe precisa ser treinada. Para que o atendimento seja perfeito é necessário que todos estejam direcionados para o mesmo objetivo.
- **ESQUECER O CLIENTE.** Algumas empresas se esquecem de consultar o cliente para saber suas reais necessidades. Também não se preocupam em estudar estratégias para chamar a sua atenção ou ganhar vantagem em relação a seus concorrentes. O cliente precisa ser informado de todas as ações da empresa. Muitas empresas priorizam conquistar novos clientes e não valorizar os antigos. Isso é um erro muito frequente.

CÓDIGOS DE ÉTICA

Código de ética profissional

Algumas profissões possuem códigos de ética específicos para cada área de atuação. Segundo o site *Guia da carreira*, esses códigos, criados pelos Conselhos ou categorias profissionais, existem para padronizar procedimentos operacionais e condutas, garantindo a segurança dos profissionais e dos usuários de cada serviço. São documentos que, ao mesmo tempo que estabelecem princípios para os profissionais, preveem penas disciplinares a quem não cumpre os procedimentos e as normas.

No escopo deste livro, podemos citar o Código de Ética do Profissional de Secretariado Executivo. Embora tenha sido feito em 1989, ele contém capítulos muito importantes, e vale a pena lê-lo. É possível consultá-lo, na íntegra, na internet.[1]

Independentemente de terem ou não um código específico, todas as profissões exigem o cumprimento de valores morais e princípios éticos universais, como a honestidade, a competência e a responsabilidade.

Código de conduta ética organizacional

O *Guia da carreira* ressalta a importância do código de conduta nas empresas; elas devem contar com um instrumento que padronize procedimentos de trabalho e estabeleça valores relevantes para todas as áreas.

O código de ética organizacional propõe o cumprimento obrigatório das normas estabelecidas pela instituição, apesar de a ética não ser uma imposição, ou seja, o seu descumprimento não implica penas legais.

O processo de elaboração do código envolve a participação de trabalhadores de diferentes setores, para tornar o documento acessível e adequado a todas as áreas, da forma mais democrática possível. Geralmente, é conduzido pelo departamento de RH ou por uma consultoria externa contratada.

O profissional de atendimento e recepção deve ter pleno conhecimento do código de ética do local em que trabalha, talvez até mais do que outros colaboradores, porque esse conhecimento lhe proporciona a segurança e o respaldo necessários para exercer sua atividade – seja com clientes internos, seja "fazendo a ponte" da empresa com clientes externos.

---

1 Disponível em: https://www.jusbrasil.com.br/diarios/3589665/pg-118-secao-1-diario-oficial-da-uniao-dou-de-07-07-1989. Acesso em: 13 jul. 2020.

COMPLIANCE

O artigo "Entenda o compliance e suas vantagens para a empresa" afirma que se trata de uma prática adotada pelas grandes organizações para manter o controle de todas as atividades exercidas, de forma que estejam sempre de acordo com a legislação, seja ela federal, estadual ou municipal, ou mesmo com regras internas. O termo *compliance*, oriundo do inglês, significa em tradução livre "estar em conformidade com".

Na última década, essa prática tem alcançado notoriedade nas empresas, principalmente aquelas que possuem relações com o setor público. De acordo com alguns especialistas, as atividades ligadas a *compliance* são promissoras e terão desdobramentos no futuro.

O *compliance* tem a função de fiscalizar e garantir que todos os envolvidos com uma empresa estejam em consonância com as normas de conduta, que estão direcionadas também para o combate à corrupção. Dessa forma, é também uma significativa estratégia de competitividade e encantamento do negócio, já que a sociedade global vem, cada vez mais, conscientizando-se em relação ao consumo sustentável e ético, exigindo das empresas posturas e comportamentos que considerem esses valores.

As principais ferramentas utilizadas por uma equipe especializada em *compliance* são:

- o canal de denúncia;
- o treinamento sobre ética organizacional;
- o desenvolvimento de códigos de conduta;
- os programas de integridade.

Esse controle é exercido de forma terceirizada. Isso quer dizer que a empresa interessada na prática do *compliance* contrata outra, especializada nessa área, para atividades direcionadas.

COMPLIANCE NA MÍDIA

Algumas corporações têm sido notícia em jornais de circulação nacional e internacional sobre práticas fraudulentas e atividades ilegais, o que tem levado à perda de credibilidade e, alguns casos, à recuperação judicial.

Algumas empresas, por maiores que sejam, perdem parte de sua integridade quando envolvidas em escândalos de corrupção. Além das sanções penais, cíveis e administrativas, elas perdem a credibilidade perante a sociedade e os clientes.

Ser uma empresa de grande porte, aquela que alcançou os primeiros lugares no mercado, está diretamente relacionado a práticas éticas e atitudes em conformidade com as leis.

As empresas pequenas e médias estão mais expostas a riscos, já que sua estrutura não contempla um setor jurídico, por exemplo. Além disso, não costumam contar com etapas controladoras e de governança.

BENEFÍCIOS DA ADOÇÃO DO *COMPLIANCE*

- **REDUÇÃO DE GASTOS COM MULTAS.** Ainda que seja necessário investir na contratação de empresa terceirizada para exercer o *compliance*, a prevenção é sempre a melhor alternativa. Afinal, erros podem levar a multas de elevados valores.
- **AMBIENTE DE TRABALHO.** A atividade de *compliance* não beneficia somente os cofres da empresa de forma direta. Os colaboradores ganham com a influência positiva de um ambiente de trabalho ético e organizado.
- **INFLUÊNCIA POSITIVA NO MERCADO.** Quando uma empresa é referência no mercado pela sua forma ética de atuar em diversas áreas, automaticamente ela ganha credibilidade perante outras empresas e até mesmo com o poder público.

- **FACILIDADE DE CRÉDITO.** Outra vantagem relevante, mas pouco mencionada, é o fato de que uma empresa que contempla políticas de *compliance* obtém crédito com mais facilidade, inclusive com taxas de juros menores.

Em resumo, o programa de *compliance* não é mais classificado meramente como um diferencial dentro do mundo corporativo. Essa prática está mais relacionada à sustentabilidade do negócio e ao modo como ele vai ser visto por fornecedores, consumidores, concorrentes e demais interessados (direta ou indiretamente).

Por conseguinte, o setor de atendimento também se beneficia, porque mantém contato direto com o cliente interno e o externo. É necessário que a empresa dissemine informações, treine as equipes e faça reuniões exaustivas sobre o assunto.

ETIQUETA

O que seria etiqueta? Ouve-se muito sobre o assunto, mas algumas pessoas relacionam esse termo somente com o saber se vestir ou manusear talheres e taças durante um jantar, entre outros fatores relacionados a tais formalidades. No entanto, a etiqueta vai muito além desses elementos.

A palavra vem do francês *étiquette* e está ligada a respeitar a ética. A etiqueta descreve o sistema de convenções que regulam a conduta social. Seguindo algumas diretrizes básicas, é válido afirmar que as pessoas têm mais chances de viver melhor se utilizarem os códigos de comportamento.

A etiqueta teve início no século XIII e atingiu o seu ápice no século XVII. Por meio da história descobre-se que nas cortes francesas eram distribuídas etiquetas aos convidados que chegavam com orientações sobre como cada um deveria se portar e os lugares a serem ocupados à mesa. O modo de se comportar pessoalmente confirmava o lugar de influência conquistado com obstinação pelo convidado. A etiqueta teve início na França, porém, de acordo com a bibliografia da época, os gregos, os romanos e os chineses já tinham a preocupação de utilizar as regras de conduta.

A etiqueta é uma parte muito importante no cenário corporativo, pois contribui para que os colaboradores respeitem as regras de conduta e sejam elegantes no comportamento. Como já afirmou a escritora Martha Medeiros, é possível detectar essa elegância nas pessoas que são pontuais;

que elogiam mais do que criticam; que não usam um tom superior de voz; que evitam assuntos constrangedores porque não sentem prazer em humilhar os outros; que não ficam falando em dinheiro. A escritora conclui que educação enferruja por falta de uso.

Na rotina de um profissional de atendimento e recepção que desempenha sua atividade de maneira adequada, não há "perigo" de haver esse "enferrujamento", pois a cortesia e a elegância são praticadas diariamente.

VESTIMENTA

Algumas empresas adotam uniformes para a equipe de atendimento e recepção. Outras preferem que os colaboradores estejam com as próprias indumentárias e que tenham bom senso na escolha.

A vestimenta para o trabalho deve ser profissional. Algumas empresas são menos formais do que outras, mas ainda é mandatório que a roupa esteja de acordo com o cargo e o tipo de companhia. Geralmente as empresas ligadas à criatividade e à tecnologia, bem como *start-ups*, não exigem vestimenta formal. Uma pessoa que atua em uma instituição financeira deve usar roupas formais, enquanto o colaborador de uma agência de publicidade e propaganda pode se vestir informalmente.

De maneira geral, em empresas formais quanto a trajes existe o chamado *dress code* (código de vestimenta). Os profissionais precisam estar atentos a esse "código" para não causar algum desconforto.

TRAJES, CALÇADOS E ACESSÓRIOS ADEQUADOS

No mundo empresarial, o ideal são roupas, calçados e acessórios de boa qualidade.

A indumentária adequada ao trabalho depende do caráter da empresa em questão. Por exemplo, existem empresas que são mais liberais quando se trata da vestimenta, podendo até aderir à *casual friday* (sexta-feira casual). Em contrapartida, há empresas mais conservadoras e que, de acordo com o seu ramo, exigem uma vestimenta mais formal.

Neste caso de empresa de perfil mais conservador, os itens adequados em relação às vestes de trabalho são:

- camisa social ou blusas mais formais (preferencialmente, evite roupas muito decotadas e cavadas);
- calça ou saia sociais (para saia, três dedos acima do joelho);
- *blazer* ou colete social;
- calçados confortáveis, com saltos não muito altos e, de preferência, que não mostrem os dedos.

VESTUÁRIO NO TRABALHO

ROUPAS DE QUALIDADE. Invista.

UM LEVE TOQUE DE CRIATIVIDADE.

SOMENTE UM ITEM DE COR CHAMATIVA NO *LOOK*. Um exemplo da forma ideal e adequada de usar cores seria: um *blazer* branco, uma blusa verde-menta, uma calça preta e um *scarpin* salto baixo vermelho-escuro.

ACESSÓRIOS DISCRETOS. Se usar brincos grandes, não coloque colar.

MENOS É MAIS. Ao optar por acessórios no pescoço, como lenços ou *pashminas*, evite usar colar.

ROUPAS MUITO COLORIDAS MISTURADAS.

ESTAMPAS MUITO CHAMATIVAS E EXAGERADAS.

TECIDOS TRANSPARENTES OU RENDA.

BARRIGA DE FORA.

BLUSAS E VESTIDOS DE ALCINHAS FINAS OU DO TIPO TOMARA QUE CAIA.

ALÇA DO SUTIÃ APARECENDO.

CALÇAS MUITO JUSTAS E DE CINTURA BAIXA.

TODAS AS PEÇAS BRANCAS JUNTAS (essa cor deve ser deixada para profissionais da área da saúde).

APRESENTAÇÕES

Segundo a etiqueta, existem algumas prioridades nas apresentações entre as pessoas.

- Quem está andando deve cumprimentar quem está parado.
- Quem sai despede-se de quem fica.
- Ao apresentar autoridades, fale primeiro o cargo da pessoa e, depois, o nome dela.
- Considerando a hierarquia: o menor em hierarquia é apresentado ao superior. Por exemplo: apresente um assistente a um gerente, e não o contrário. Outro exemplo: apresente um gerente a um diretor. Sempre do menor em hierarquia para o maior.
- Considerando a idade: o mais jovem é apresentado ao mais velho. Portanto, apresente uma pessoa de 20 anos para uma de 40 anos, e não o contrário.
- Considerando o gênero: o homem é apresentado à mulher. Por exemplo, apresente Carlos à Maria, e não o contrário.

E quando houver uma mesma situação com hierarquias, idades e gêneros diferentes?

- A hierarquia prevalece sobre a idade e o gênero. Ou seja, o menor em hierarquia sempre será apresentado ao maior em hierarquia, independentemente de idade ou gênero.
- A idade prevalece sobre o gênero. Isso quer dizer que a pessoa mais nova sempre será apresentada à pessoa mais velha, independentemente de ser homem ou mulher.

É importante que quem trabalha com atendimento, recepção e secretariado conheça essas regras, pois poderá ter de utilizá-las em seu dia a dia. Um cliente importante certamente reconhecerá essa distinção e ficará encantado com a qualidade da empresa e de seus profissionais.

IMAGEM

Você já pensou a respeito da imagem que projeta?

Todo profissional deve cuidar da sua imagem (física e de atitude). A imagem projetada por uma pessoa no cenário corporativo é muito importante e pode auxiliar na evolução da carreira.

Vale ressaltar que a imagem profissional deve estar alinhada à cultura e aos valores da empresa. Isso pode ser conquistado por meio de mentores, modelos, treinamentos, leituras, avaliação externa e autoavaliação.

O ditado afirma que não é possível gerar uma "segunda boa impressão" se a primeira não tiver sido boa. No entanto, isso não é regra. Em algumas situações, a pessoa consegue ter outra chance de restabelecer a impressão anterior. Por exemplo, a recepcionista atende a um cliente com um semblante triste, em função de um problema familiar. O cliente volta uma semana depois, e ela está feliz e atende com muito profissionalismo e alegria.

O ideal, se possível, é buscar sempre causar uma boa primeira impressão.

ATENÇÃO

EVITE gargalhadas exageradas.

NÃO masque chicletes.

CUIDADO com críticas destrutivas.

EVITE o excesso de sinceridade. Faça uma triagem no que vai falar.

CAUTELA no uso de perfumes: as colônias são as mais indicadas para o trabalho.

OBSERVE a sua postura corporal.

PARA ENCERRAR

Etiqueta é um tema de relevância dentro das organizações. O profissional que deseja ter ascensão na sua carreira deve aprender regras e normas de comportamento. Com isso, obterá benefícios e se manterá competitivo no mercado de trabalho.

Em etiqueta, existem algumas palavras muito importantes: bom senso, adequação e flexibilidade. Esses termos estão relacionados entre si e dizem respeito a atitudes equilibradas, postura ética e discernimento no momento das decisões.

O CLIENTE

ATENDIMENTO PADRONIZADO E, AO MESMO TEMPO, PERSONALIZADO 43

O VALOR DO CLIENTE 47

TRANSFORMANDO O CLIENTE EM PARCEIRO E DIVULGADOR DA EMPRESA 51

O cliente sempre tem razão?

Há muitas décadas essa pergunta é feita, e inúmeras respostas já foram dadas. Questionamentos à parte, o importante é que as empresas estão, cada vez mais, preocupadas em encantar e fidelizar o cliente.

O avanço da internet trouxe uma nova maneira de relacionamento com os consumidores. Diante dessa transformação digital, as estratégias sofreram adequações, e existem novas formas de comunicação.

O excelente atendimento ao cliente é uma exigência para que as empresas conquistem um lugar de destaque no mundo corporativo e se mantenham nesse patamar elevado. O cliente é, sim, a pessoa mais importante. Por esse motivo, as observações feitas por ele devem ser levadas em consideração, e é nos canais de atendimento que os gestores obtêm muitas das percepções do público.

Não basta somente a empresa ter produtos e serviços de qualidade, bom preço ou prazos interessantes. É extremamente importante que a atenção seja direcionada para o consumidor. Deixá-lo sem resposta pode prejudicar todo o processo de encantamento.

E pensar que todos os clientes são iguais é um grande erro. Cada um deve ser tratado de acordo com o seu perfil. Ele é único. Alguns clientes são formais e exigentes, enquanto outros se apresentam informais e condescendentes.

ATENDIMENTO PADRONIZADO E, AO MESMO TEMPO, PERSONALIZADO

Para que as empresas consigam resultados positivos de uma forma constante, devem trabalhar com seriedade o assunto "atendimento". Fazer o melhor sempre e transformar os clientes em verdadeiros admiradores não é uma tarefa tão fácil. É necessário criar estratégias para atingir esse objetivo.

O atendimento precisa ser personalizado e, ao mesmo tempo, manter o mesmo padrão de excelência. A seguir, algumas atitudes que devem ser tomadas por todos que atendem o cliente.

- **ATENDER COM CARA E VOZ DE "SIM".** Isso significa atender com um sorriso no olhar e uma voz agradável. Além disso, evite fazer algo simultâneo ao atendimento (por exemplo, lidar com o cliente ao mesmo tempo que responde a uma mensagem no *e-mail*).
- **DEMONSTRAR PRAZER EM SERVIR E ENCANTAR.** Mostre ao cliente que está interessado em ajudá-lo. A proatividade será sempre um ponto positivo em todas as situações. Fazer algo sem que alguém tenha pedido é motivo de satisfação do consumidor.
- **ACOLHIMENTO E ENCANTAMENTO, SEMPRE.** O atendimento deve ser perfeito em todas as fases – começo, meio e fim. O cliente espera ser encantado pelo atendente.

- **ATENDER COM RAPIDEZ E QUALIDADE.** Não deixe o cliente esperando por muito tempo. Uma das reclamações recorrentes do consumidor é o tempo de espera para ser atendido.
- **PRESTAR INFORMAÇÕES SEGURAS E CLARAS.** Passe ao cliente informações de forma objetiva, sem rodeios. Quando tiver dúvida, busque ajuda de alguém mais experiente em determinado assunto.
- **AGIR COM ALEGRIA E ENTUSIASMO.** Mostre ao cliente que gosta de atendê-lo.

TIPOS DE CLIENTES

O APAIXONADO PELA MARCA. Esse cliente tem admiração pela marca e normalmente é um grande vendedor indireto de seus produtos ou serviços. Costuma ser mais simples atendê-lo. Com clientes apaixonados pode-se lidar de forma mais tranquila, porque eles são receptivos e fiéis. O ideal é mantê-los leais por meio de benefícios e atendimento especializado. Com isso, a fidelização estará garantida.

O COOPERADOR. Esse cliente colabora com o desenvolvimento do produto ou serviço e contribui com ideias, sugestões e críticas construtivas. Ele deve ser valorizado porque coopera para o desenvolvimento da empresa e será sempre um grande divulgador.

O RESOLUTO. Esse cliente tem conhecimento do produto ou serviço e sabe da qualidade da empresa. É grande observador de todos os passos, desde o primeiro atendimento até o resultado final. É um cliente que gosta de ser ouvido. Portanto, pare tudo no momento em que ele telefonar ou durante o contato presencial. Dar atenção a ele pode render muitos pontos positivos. Ele espera acolhimento sempre.

O CONFUSO. Esse cliente exige muita atenção e paciência. Ele não sabe o que quer e conta com a assessoria da empresa para descobrir. Com esse cliente deve-se adotar uma forma diferente de atendimento: passar um maior número de informações e usar a proatividade. Para atendê-lo com qualidade, é necessário que haja muitas perguntas pontuais sobre o assunto a respeito do qual ele quer falar. O importante é que, ao final do atendimento, esse cliente tenha obtido as respostas esperadas.

O ESTRESSADO E BRIGUENTO. Ele é agitado, impaciente e está sempre preocupado com outros assuntos. Quer tudo em cima da hora, não gosta de esperar e não tem paciência para explicar as suas necessidades. É importante ter serenidade com esse perfil de cliente, fazendo perguntas rápidas e inteligentes, indo diretamente ao ponto, pois ele quer resolver tudo de forma frenética, porque tem sempre outros compromissos. É essencial agilizar o processo e resolver o que o cliente está solicitando.

O ENTUSIASMADO E FELIZ. Esse cliente é animado, divertido, descontraído e simpático. Também deve ser atendido com muita qualidade e muito respeito. Às vezes, os atendentes se confundem um pouco e pecam por excesso de brincadeiras. Embora esse cliente esteja sempre sorrindo, é exigente e gosta de ser bem atendido. Para encantá-lo, além da eficiência basta é preciso ser gentil e positivo na medida certa.

O TÍMIDO E PENSATIVO. Esse perfil não se comunica bem com ninguém, e com o atendente não é diferente. Ele precisa de atenção e "carinho". O profissional de atendimento precisa incentivá-lo para que possa se soltar e explicar as suas necessidades. Esse cliente pode estar calado por motivos que desconhecemos. É necessário entender como se comunicar com ele e prestar muita atenção aos detalhes, incluindo a linguagem não verbal.

O OBSERVADOR E CRÍTICO. Esse cliente valoriza os detalhes, faz muitas perguntas e ouve atentamente o que o atendente tem a dizer. Questiona e argumenta muito. Costuma exigir um atendimento com qualidade. Esse perfil faz com que o atendente se prepare muito para recebê-lo, pois está sempre ligado em tudo o que acontece à sua volta. As informações que serão dadas a ele devem ser estudadas, para não pairar nenhuma dúvida durante as explicações.

O INDIFERENTE. Esse cliente não é exigente, visto que está sempre preocupado com outros assuntos. O profissional de atendimento deve recebê-lo com elegância e educação e procurar ajudá-lo em suas necessidades. Mesmo que esteja desatento, é importante estimulá-lo a falar e a expressar o seu pedido. O cliente com esse perfil exige mais do profissional de atendimento. Por esse motivo, são necessárias paciência e boa vontade para atendê-lo. Ao final da conversa, sempre verifique se a informação foi passada de forma clara e objetiva.

O DESCONFIADO. O desconfiado demanda atenção redobrada por parte do atendente. As informações devem ser muito bem explicadas. As argumentações precisam ser estudadas, pois esse perfil de cliente gosta de testar a todos. Geralmente, é uma pessoa extremamente exigente e não acredita em algo sem muita consistência. Procure sempre apresentar opções e sugestões com muita qualidade.

O DIFÍCIL. Esse tipo de cliente possui um discurso intimidador. Costuma ser impaciente e reclama de tudo e todos. Chega antes do horário e espera que a empresa toda esteja de plantão o esperando. Em geral, não concorda com nada que é apresentado. Em alguns casos, pode se portar de forma grosseira, falando em voz alta e utilizando palavras não adequadas, mas é um cliente fiel à empresa. Precisa ser atendido com a mesma qualidade dispensada a um cliente simpático e generoso. O profissional de atendimento deve se preparar com inteligência emocional, para não perder o controle diante desse perfil de cliente. Normalmente, ele vai tentar desestabilizar todos que o atenderem. O importante é manter-se tranquilo e seguro no atendimento.

APRENDENDO A LIDAR COM TODOS OS PERFIS

É válido ressaltar que todo profissional de atendimento deve participar de treinamentos periódicos, nos quais poderá aprender as estratégias para lidar com clientes difíceis, sem perder o equilíbrio.

Para atender com excelência e qualidade, é preciso haver conhecimento técnico, diplomacia, elegância e humanização. Não existem "receitas de bolo" para atender a cada perfil de cliente. Cada um é diferente do outro. O segredo é conhecer o histórico e entender as necessidades.

O profissional de atendimento e recepção deve procurar melhorar a cada dia, estudar, utilizar as competências técnicas e humanas. Não importa qual seja o perfil, o importante são as atitudes direcionadas para todos. Um trabalho bem feito demonstra capacidade do atendente e respeito ao cliente.

O VALOR
DO CLIENTE

Quanto custa conquistar um cliente?

Pode ser que você ainda não tenha pensado nisso. O custo é bem elevado: as empresas investem em propaganda em veículos diversos e em estratégias de marketing digital. E há o famoso "boca a boca", que está diretamente ligado a um bom atendimento – o cliente funciona como um divulgador, para o bem ou para o mal, dependendo do modo como foi atendido.

Perder um cliente causa muitos danos para qualquer segmento e deveria ser motivo de estudo por parte da organização. Afinal, a empresa fracassou na sua missão prioritária: manter o cliente plenamente satisfeito.

Qual seria a fórmula para manter o cliente plenamente satisfeito? Vamos imaginar que "P" seria a percepção do cliente, ou seja, o que ele achou do atendimento recebido. "E" seria a expectativa dele, isto é, o que ele esperava do atendimento. Podemos ter três situações, mostradas no quadro a seguir.

AS TRÊS FÓRMULAS DE ATENDIMENTO AO CLIENTE

P < E

Percepção do cliente menor do que a expectativa que ele tinha.

Resultado: atendimento inadequado.

P = E

Percepção do cliente igual à expectativa que ele tinha.

Resultado: atendimento sem diferencial, "normal".

P > E

Percepção do cliente maior do que a expectativa que ele tinha.

Resultado: atendimento com muita qualidade, que surpreende positivamente.

Assim, a fórmula do excelente atendimento consiste em fazer com que a percepção do cliente seja maior do que a expectativa, ou seja, superar as expectativas. Por essa razão, é importante acompanhar as negociações do cliente e ter conhecimento da forma como ele está sendo tratado. Ele precisa estar plenamente satisfeito sempre.

CLIENTE SATISFEITO × CLIENTE PLENAMENTE SATISFEITO

Algumas instituições fazem pesquisas com seus clientes para medir o grau de satisfação. Essas pesquisas contribuem para as estratégias que devem ser adotadas pelas áreas de marketing e vendas.

Um cliente pode estar satisfeito com um serviço ou produto porque ainda não encontrou nada melhor. Essa situação é típica das empresas que não têm concorrentes.

A empresa deve estar atenta às necessidades e expectativas dos clientes, às novas tecnologias e aos novos concorrentes do seu segmento, além de prestar um atendimento irretocável, pois o que mantém o cliente fiel é o valor agregado que ele recebe no atendimento.

Para alcançar a satisfação plena do cliente, exige-se uma melhoria contínua de desempenho. Hoje, não basta atrair o consumidor; é necessário criar estratégias de relacionamento.

Algumas empresas só percebem que estão perdendo clientes quando isso começa a afetar o seu fluxo de caixa. O cliente precisa ser ouvido, por meio dos canais existentes, e a empresa deve fazer os devidos ajustes após tomar conhecimento das reclamações e sugestões.

O *CASE* DE ATENDIMENTO DA DISNEYWORLD

Para muitas pessoas, a Disneyworld é somente um parque de diversões pertencente à maior empresa de entretenimento do mundo. No que nos interessa neste livro, ela é um modelo positivo de atendimento ao cliente. A Disney se preocupa com os detalhes, para que os visitantes se sintam acolhidos e felizes.

Como diz o autor Tom Connellan no livro *Nos bastidores da Disney*, ter paixão pela qualidade é apenas uma parte da paixão pelos clientes. A essência da Disney é o encantamento. Todas as pessoas que têm a oportunidade de visitar os parques da empresa regressam deslumbrados e programando a próxima viagem.

A Disney pensa em tudo o que se possa precisar durante a visita das pessoas aos parques. Ela valoriza pequenos detalhes, como a compra de um saquinho de pipoca, de um balão, da comida vendida nos restaurantes. Investe na limpeza geral, nas atrações mágicas, no treinamento de cada colaborador, na beleza dos cenários, entre outros aspectos. Enfim, é um modelo mundial e inspirador de excelência no relacionamento com o cliente.

TRANSFORMANDO O CLIENTE EM PARCEIRO E DIVULGADOR DA EMPRESA

Algumas empresas têm conhecimento do valor do cliente, mas ainda o desrespeitam com procedimentos errôneos internos. Não há estratégias focadas em um excelente atendimento.

Em muitos casos, atrair o cliente é fácil; o difícil é mantê-lo fiel à marca. É necessário que a empresa crie uma conexão e demonstre o quanto ele é importante. O relacionamento é algo a ser cultivado. Não se transforma um consumidor em cliente fiel da noite para o dia. É um árduo trabalho que precisa ser executado com maior prazo, pois, como qualquer relacionamento entre pessoas, leva tempo e dedicação.

O QUE O SEU CLIENTE ESPERA?

Como vimos, manter os clientes satisfeitos não é suficiente. Ele quer mais e precisa ficar plenamente satisfeito. No passado, existiam algumas pesquisas que apontavam que um cliente insatisfeito comentava com treze pessoas. Quando estava satisfeito, falava somente com seis.

Hoje, isso mudou em função da tecnologia e por meio das redes sociais. O cliente multiplica a sua insatisfação para um número considerável de pessoas. Assim, somente promessas não atingirão os resultados esperados. O cliente quer algo concreto.

Não importa o ramo de negócio, o relacionamento com o cliente deve ser priorizado sempre. E cultivado. Deixá-lo esperando sem dar uma satisfação depõe contra a empresa em qualquer segmento. O cliente é rei e sempre proporciona lucro.

ITENS DE RELACIONAMENTO COM O CLIENTE

HISTÓRICO DO CLIENTE. É necessário conhecer o histórico do cliente. Isso não significa apenas histórico de compras. Caso se trate de um cliente-empresa, é importante saber sobre ela (sua fundação, seus sócios, o número de funcionários, o clima organizacional, etc.).

NEGOCIAÇÃO BEM ESTUDADA. Em uma negociação, o cliente deve ser estudado antes da confecção da proposta, para que sejam identificados os pontos que merecem atenção maior dentro dessa negociação.

AFINIDADE E INTEGRAÇÃO. Aqui estamos falando de aproximação com o cliente. Agendar visitas periódicas, convidá-lo para eventos na empresa, fazer parcerias em outras atividades... enfim, "marcar território".

FIDELIZAÇÃO. Para se tornar fiel, o cliente precisa antes ser encantado. E, para chegar ao encantamento desse cliente, o atendente precisa atuar com comprometimento. Essas são as palavras-chave para a fidelização.

ASSERTIVIDADE: ITEM IMPORTANTE A SER OBSERVADO

De acordo com alguns dicionários, assertividade expressa a qualidade que é ser afirmativo ou positivo. A palavra assertividade deriva de "asserto", a qual significa uma proposição decisiva. Uma pessoa que demonstra assertividade é autoconfiante e não tem dificuldades em expressar a sua opinião.

Assertividade tem um peso grande no mundo contemporâneo, pois a maioria dos profissionais trabalha em equipe. Para atuar com grupos heterogêneos é necessária a utilização contínua de assertividade.

Aprender a trabalhar em equipe exige mudanças internas. Deve-se respeitar o outro mesmo que não tenhamos um relacionamento de amigo. O importante é a aceitação que temos pelo nosso colega de trabalho. Daniel Goleman já escreveu, no livro *Inteligência emocional*, que estamos sendo julgados pela nossa capacidade de conviver com o outro. De acordo com essa frase, percebe-se que o comportamento faz a diferença e se sobrepõe à competência técnica.

MARKETING DE RELACIONAMENTO

Os profissionais costumam definir essa área do conhecimento como um conjunto de estratégias que visa a aproximação dos consumidores, de modo que seja mantido um relacionamento positivo com eles. Isso quer dizer atração, criação de vínculos, fidelização de clientes, fortalecimento da marca.

O mercado atual está muito competitivo, e os clientes recebem diversos estímulos de marcas de produtos e serviços. Para que a empresa se destaque, é preciso que o tempo todo ocorram ações pontuais e interações com o consumidor. Com o marketing de relacionamento, a empresa estimula a criação de um contato positivo, mantém o cliente por perto e faz com que ele seja o seu melhor divulgador.

O objetivo principal, repetimos, é fidelizar o cliente. Quando o cliente é fiel, não pensa em voltar para a concorrência. Para ele será melhor comprar da marca na qual confia do que se aventurar com outra.

Embora o foco em um atendimento possa resolver uma solicitação pontual, o resultado disso extrapola aquele momento, pois um atendimento bem feito sustenta o relacionamento e mantém o caminho aberto para o fechamento de negócios futuros.

COMO APLICAR O MARKETING DE RELACIONAMENTO?

Os clientes precisam gostar do seu produto ou serviço para recomendar aos contatos deles. É necessário que o cliente tenha uma experiência positiva com a empresa. Não se trata somente do atendimento presencial, mas de outros canais também: telefone, *site*, *e-mail*, redes sociais, entre outros.

SISTEMA DE CRM

CRM é a sigla de *customer relationship management* (gestão de relacionamento com o cliente). Para realizar essa gestão, as empresas podem utilizar um *software* de CRM, que absorve todos os dados e o histórico de interações de cada cliente com a marca.

O CRM pode contribuir com a empresa e, também, com os profissionais de linha de frente (atendentes, recepcionistas e secretários), por meio do conhecimento do perfil de cada cliente. Um atendimento personalizado traz inúmeros benefícios para todos da empresa (redução do tempo das chamadas, otimização do tempo dos profissionais envolvidos, aumento da eficiência da equipe, entre outros). Embora esse controle seja possível utilizando apenas planilhas e anotações, o *software* é capaz de automatizar ações, escalar o relacionamento do cliente e facilitar a vida da equipe. Assim, o relacionamento com o cliente ganha muito em qualidade.

COMUNICAÇÃO PERSONALIZADA

Aqui vale a pena falar de marketing *one-to-one*, ou seja, marketing "um a um" ou "cara a cara". Não basta criar estratégias para o segmento; é preciso pensar em cada pessoa. Como afirma Daniel Palis em artigo sobre o tema, a personalização faz com que cada cliente se sinta único e valorizado pela marca, e isso contribui para estreitar o relacionamento.

O profissional de atendimento, recepção e secretariado tem um papel fundamental no processo de relacionamento com o cliente. Cabe a esses profissionais conhecer o perfil e as necessidades do consumidor, a fim de demonstrar quanto a empresa se preocupa com atendimento personalizado.

CANAIS DE RELACIONAMENTO BEM UTILIZADOS

O marketing digital é abundante em canais de relacionamento. A empresa pode usar as redes sociais para gerar conteúdos relevantes e mostrar o seu valor para o público.

Outra ferramenta significativa é o *e-mail* marketing, pois produz uma comunicação direta e pessoal com o consumidor, enviando conteúdos e ofertas exclusivas.

Ressalta-se que o profissional que atua com atendimento mantém contato direto com o cliente em diversos canais de comunicação. O trabalho desses funcionários deve impactar positivamente o relacionamento com o consumidor.

O ATENDIMENTO

COMUNICAÇÃO 61

A ARTE DE RECEPCIONAR O CLIENTE 67

CANAIS DE ATENDIMENTO 71

ESTRATÉGIAS PARA UM ATENDIMENTO EXCELENTE 81

Como pôde ser visto até aqui, o atendimento ao cliente é um tema que vem ganhando importância cada vez maior nas empresas.

Atendimento está relacionado diretamente à qualidade, e por esse motivo vale a pena falar rapidamente desse tema. Os diversos livros a respeito do assunto que podemos encontrar no mercado citam alguns fatores que "comunicam" qualidade ao cliente:

- matéria-prima de um produto;
- desempenho de um produto ou serviço;
- pós-venda;
- cumprimento de acordos e dos requisitos combinados.

O atendimento tem relação mais direta com os dois últimos itens. Mas, considerando que a qualidade engloba aspectos ainda mais amplos, podemos destacar outros fatores que compõem um atendimento de excelência.

- **POLIVALÊNCIA.** Todo profissional de atendimento deve buscar conhecer mais áreas da empresa, além daquela em que atua. Quanto mais conhecimento, maiores serão as chances de ser mais claro com o cliente. Essa visão mais ampla também conta pontos para a evolução do próprio atendente.
- **COMPETÊNCIA TÉCNICA E HUMANA.** As competências que foram apresentadas no início do livro são fundamentais para um atendimento que o cliente pode classificar como excelente.
- **ATENDIMENTO COM VOZ E EXPRESSÕES POSITIVAS.** Falar com voz de "sim" pode acalmar clientes mais agitados.
- **AGILIDADE.** Ninguém gosta de ficar esperando. O cliente, menos ainda.

A internet trouxe grandes mudanças no atendimento ao cliente e no relacionamento com ele. Mas, mesmo com inúmeros canais de contato, ainda se cometem erros. Esta parte do livro mostra esses erros para que você possa evitá-los em seu dia a dia. O consumidor busca um produto ou serviço ótimo, com preço competitivo, mas junto disso deseja e exige um atendimento excelente.

COMUNICAÇÃO

NOÇÕES E CONCEITOS

A palavra comunicação vem do latim *communicare*, que significa "partilhar", "participar algo", "tornar comum". No cenário empresarial, a comunicação é uma ferramenta poderosa para as atividades da organização. No nível individual do profissional de atendimento, é uma competência com grande peso nas atividades do dia a dia.

Para que a comunicação possa acontecer, é necessário que haja alguns elementos: emissor, receptor, mensagem, canal e código.

EMISSOR — CANAL — MENSAGEM CÓDIGO — CANAL — RECEPTOR

- **EMISSOR.** É o responsável pela transmissão da mensagem. A comunicação terá êxito quando o emissor estiver atento ao comportamento do outro. Ou seja, o emissor deve ser capaz de entender, perceber e ponderar as necessidades do receptor (o destinatário da mensagem). Para que a mensagem flua, é necessário que o emissor conheça o assunto que vai explanar.
- **RECEPTOR.** É aquele que recebe a mensagem emitida pelo emissor. O receptor deve estar atento e aberto à mensagem, para conseguir compreendê-la. Para que a mensagem seja entendida com facilidade, é necessário que o receptor esteja bem psicologicamente, motivado e interessado no assunto. Em um atendimento, o profissional e o cliente alternam os papéis de emissor e de receptor.
- **CÓDIGO.** A comunicação pode ocorrer por meio da linguagem verbal (quando falamos e quando escrevemos) e da linguagem não verbal (por exemplo, gestos, posturas corporais, expressões faciais). O código, na teoria da comunicação, é o conjunto dos signos utilizados para que emissor e receptor se entendam. Na linguagem verbal, o código é o idioma falado ou escrito (português, inglês, etc.). Na linguagem não verbal, o código pode estar em pinturas, na música, em gestos, nos *emojis*, no "like" e no "dislike"...
- **MENSAGEM.** É o objetivo da comunicação. Pela mensagem, o emissor transmite informações e ideias para o receptor. A mensagem deve ser pensada, bem elaborada, a fim de que o receptor fique atraído em ouvi-la ou lê-la. Deve transmitir algo interessante e que seja útil ao receptor. Dependendo da linguagem não verbal, podemos perceber se o receptor está interessado ou não na mensagem.

SINAIS ENVIADOS PELO CLIENTE

INCLINAR A CABEÇA. Ele está demonstrando interesse.

FICAR EM PÉ COM AS MÃOS NOS QUADRIS. Ele está demonstrando uma boa disposição.

MÃOS NAS BOCHECHAS. Ele pode estar avaliando o que você está dizendo.

ESFREGAR UM OLHO. Ele pode estar com dúvidas.

ACARICIAR A MANDÍBULA. Ele pode estar tomando uma decisão.

PUXAR A ORELHA. Ele pode estar inseguro.

ROER AS UNHAS. Ele pode estar inseguro ou nervoso.

OLHAR PARA BAIXO. Talvez ele não esteja acreditando no que está ouvindo.

APERTAR O NARIZ. Ele pode estar fazendo uma avaliação negativa.

TOCAR LEVEMENTE O NARIZ. Ele pode estar rejeitando alguma coisa ou duvidando dela.

CRUZAR OS BRAÇOS NA ALTURA DO PEITO. Ele está em atitude de defesa; não demonstra abertura ao que está ouvindo.

APOIAR A CABEÇA NAS MÃOS, OLHAR PARA O CHÃO; QUANDO SENTADO, CRUZAR AS PERNAS E BALANÇAR LEVEMENTE O PÉ. Ele está demonstrando tédio.

VIGIAR O RELÓGIO ENQUANTO FALA. Ele está inquieto e com pressa.

ESFREGAR AS MÃOS, BATER COM AS PONTAS DOS DEDOS EM UMA SUPERFÍCIE. Ele está inquieto, impaciente.

PASSOS REPETIDOS NO CHÃO EM PÉ. Ele está bastante impaciente e pode "explodir" a qualquer momento.

- **CANAL:** é o meio pelo qual a mensagem é enviada. Os canais podem ser muitos: telefone, redes sociais, *sites* na internet, TV, jornal, por exemplo.
- **RUÍDO:** são elementos que podem atrapalhar a comunicação. Exemplos: falta de compreensão do assunto, conversas paralelas, brincadeiras, falta de conhecimento sobre o que está sendo tratado. O ruído acontece quando o emissor não consegue atingir o objetivo de transmitir a mensagem e ser compreendido. O emissor deve estar atento e se preocupar com as mensagens emitidas.

FEEDBACK

Essa palavra de origem inglesa significa "retroalimentação" ou "realimentação". É o efeito da reação do receptor à mensagem do emissor.

No mundo corporativo, esse termo é usado para se referir às situações em que o gestor precisa informar, a um colaborador da sua equipe, como esse funcionário está sendo avaliado. Normalmente o chefe chama o funcionário, dentro do horário de trabalho, em um local reservado, e então fala sobre o desempenho da pessoa. Aponta os pontos positivos e os pontos a serem melhorados em todos os sentidos. Isso é *feedback*. O *feedback* é dado em assuntos importantes, e não sobre assuntos corriqueiros, que podem ser resolvidos de outra forma.

Na área de atendimento, para o *feedback* de um gestor ao colaborador ser eficiente é importante que seja pontual, e não generalizado. Por exemplo, se você receber um *feedback* do gestor em que ele diga que o atendimento aos clientes está errado sem especificar mais, isso não será produtivo. O profissional de atendimento precisa saber que o atendimento sem qualidade ocorreu com determinada pessoa, em tal dia.

Quando há uma utilização correta do *feedback*, os profissionais têm a oportunidade de corrigir erros. Ele funciona como um orientador.

COMUNICAÇÃO EFICIENTE

A comunicação eficiente gera uma boa impressão no primeiro contato com o cliente. A maneira como o atendente se expressa causa um impacto que pode ser positivo ou negativo em relação à imagem da empresa.

Essa boa impressão é decorrência de uma série de fatores. Assim, para que você possa transmiti-la, procure aplicar os itens a seguir.

UTILIZE O TOM DE VOZ E O RITMO DE FALA CERTOS

Falar muito rápido, ou devagar, ou baixo, ou muito alto pode ser um impeditivo para atrair a atenção da pessoa. Falar alto e rápido pode ser interpretado como falta de qualidade. A comunicação tem que transmitir emoção.

FALE A MESMA LINGUAGEM DO CLIENTE

Com clientes externos, evite usar termos técnicos, siglas, códigos que estão ligados à estrutura interna da empresa. O cliente externo é um usuário final e não tem a menor ideia de como a empresa executa suas atividades internas. O uso de termos desconhecidos pode passar ao cliente a ideia de que estão tentando enganá-lo ou subestimando sua inteligência.

SAIBA OUVIR

Deixe que o cliente fale. Saber ouvir é uma arte. As pessoas se sentem bem quando são ouvidas. Nos casos de clientes insatisfeitos, quando se apresentam irados, essa é a melhor técnica para acalmá-los. Ouvindo o cliente, você saberá com certeza o que ele deseja. Não tente adivinhar. Ouça mais e fale menos. E tenha o cuidado de não interromper a pessoa com quem você está falando – é uma falta de elegância.

EVITE TERMOS INADEQUADOS E GÍRIAS

Em todos os atendimentos, evite expressões como "Mano", "Fala aí", "Péra aí", "Péra um pouquinho", "Tô de boa", "Pega o negócio lá", "Meu bem", "Fofa", "Queridinha", "Oi, miga", "Fala aí, parça", "Tamu junto", "Tchau tchau". Também não caia no gerundismo (o famoso "Eu vou estar indo..."). E não fale "A nível de", pois essa expressão, apesar de comum, não é aceita pelos gramáticos.

A ARTE DE RECEPCIONAR O CLIENTE

Existem inúmeras histórias sobre atendimentos bem-sucedidos e outros não tão positivos assim:

- a secretária atendeu o cliente com muita qualidade, e este resolveu enviar um ramalhete de flores, em sinal de agradecimento, para essa profissional;
- o recepcionista recebeu um cliente que estava muito nervoso e, com muita diplomacia e elegância, conseguiu deixá-lo calmo e feliz com o atendimento;
- a recepcionista demorava para atender os clientes pessoalmente. Ficava muito tempo batendo papo, por telefone, com amigas. Certa vez, um cliente (representante de uma empresa) se irritou, fez um escândalo na recepção e rompeu o contrato com a empresa da recepcionista. Esta acabou sendo demitida;
- a secretária não gostava de um determinado cliente e costumava retardar para passar os recados dele. O gestor percebeu, conversou com ela, deu *feedback*, para que situações desse tipo não acontecessem mais.

Recepção é uma arte que depende de pessoas com perfil adequado e talento. Pode ser definida por ato ou efeito de receber, aceitar, admitir, acolher alguém em algum local.

A recepção de uma empresa é a porta de entrada para o cliente em vários sentidos. Assim, quando a empresa tem uma recepção de qualidade, o cliente se sente acolhido e fica satisfeito.

Recepcionar é muito mais do que receber com um sorriso no rosto; é respeitar o cliente por meio da pontualidade, da elegância, da gentileza e das competências mobilizadas durante esse atendimento.

SETE VIRTUDES DO ATENDIMENTO

AMBIENTE ADEQUADO, LIMPO E COM ACOMODAÇÕES CONFORTÁVEIS. Parece óbvio dizer que as empresas precisam ter ambientes limpos e confortáveis, mas o fato é que nem sempre é dessa forma. É imprescindível haver um local agradável para atender ao cliente.

RAPIDEZ NO ATENDIMENTO, SEM PERDER A QUALIDADE. Atender com rapidez não significa perder a qualidade. O cliente deseja agilidade, mas com excelência.

EXCLUSIVIDADE NA HORA DO ATENDIMENTO. É importante atender um cliente de cada vez.

ATENÇÃO TOTAL. O cliente é a pessoa mais importante da empresa, portanto o profissional deve estar com atenção 100% nesse atendimento.

EDUCAÇÃO E SIMPATIA DURANTE O ATENDIMENTO. O cliente espera educação e simpatia todas as vezes que se dirige até a empresa ou telefona.

INFORMAÇÕES CLARAS E OBJETIVAS. É preciso atender com segurança e objetividade. O colaborador que passa uma informação dúbia terá problemas com a empresa e com o cliente.

ELEGÂNCIA, INCLUSIVE NOS MOMENTOS DE CONFLITO. O atendente deve se mostrar calmo em todas as situações e não "se contaminar" com ânimos exaltados. Assim, conseguirá manter a situação sob controle e buscar a melhor solução para o problema.

SETE PECADOS DO ATENDIMENTO
(SEGUNDO O AUTOR SÉRGIO ALMEIDA)

APATIA. Quando o cliente percebe que a pessoa que o atende não se importa com ele, fica bravo e até ofendido.

MÁ VONTADE. Ocorre quando o atendente tenta "se livrar" do cliente, sem resolver o problema dele.

JOGO DE RESPONSABILIDADE. Uma variação da má vontade. É o conhecido "empurra empurra". Existem (maus) profissionais que mandam os clientes de um lugar para outro, sem resolver nada.

FRIEZA. O cliente é tratado de forma distante, até desagradável.

DESDÉM. Ocorre quando o atendente se dirige ao cliente "de cima para baixo", como se ele não soubesse nada ou fosse uma criança. Isso enfurece as pessoas.

ROBOTISMO. O atendente deixa de agir como se fosse uma pessoa e repete sempre a mesma coisa, da mesma maneira, com os mesmos movimentos, como se estivesse em outro lugar.

DEMASIADO APEGO ÀS NORMAS. Acontece com o colaborador que apenas diz "sinto muito, mas não podemos ser flexíveis, faz parte das normas da empresa".

PASSO A PASSO DE UM ATENDIMENTO COM QUALIDADE – DO AGENDAMENTO À VISITA DO CLIENTE

1. Reservar o estacionamento.
2. Orientar a copeira sobre a chegada do cliente.
3. Receber o cliente/visitante com um sorriso e muito respeito.
4. Chamar o cliente pelo nome, mas com formalidade. Por exemplo: "Sr. Carlos".
5. Cumprimentá-lo formalmente. Por exemplo: "Bom dia!", "Boa tarde!", "Boa noite!", "Como vai?". Olho no olho é primordial.
6. Solicitar o serviço de copa. Verificar o que o cliente prefere: café, chá ou suco. Não oferecer água. A água deve ser levada com o café ou quando o cliente/visitante solicita.
7. Fornecer informações solicitadas pelo cliente.
8. No caso de o cliente ficar aguardando por um tempo elevado, verificar se ele está bem atendido e se precisa de algo.
9. Encaminhar o cliente ao setor competente.
10. Caso a empresa tenha uma logística interna complicada, acompanhar o cliente ou chamar um funcionário para fazer isso.
11. Nunca deixar o cliente perdido dentro da empresa sem auxílio.
12. Na saída do cliente, checar se tudo deu certo e desejar que volte em breve.

CANAIS DE ATENDIMENTO

O que deixa o cliente plenamente satisfeito?

A satisfação está ligada diretamente à qualidade do atendimento, do produto, do prazo de pagamento e do pós-atendimento. A empresa que trabalhar para atender a todos esses itens garantirá a permanência e a fidelização do cliente.

No passado, o cliente era atendido por dois canais somente: pessoal e por telefone. Atualmente, em função da tecnologia, temos muitas formas de contato.

Para que a comunicação seja eficaz, é essencial que a escolha do canal seja adequada ao perfil e às necessidades desse cliente.

Cada canal tem vantagens e desvantagens dependendo do assunto que será tratado.

ATENDIMENTO TELEFÔNICO

ORGANIZAÇÃO

- **AGENDA DE TELEFONES.** A agenda deve conter o nome, o telefone, o *e-mail*, o celular, o aplicativo de mensagens (por exemplo, WhatsApp,

Telegram) e outras informações que sejam de interesse do setor. O importante é localizar com facilidade as informações sobre os clientes. Periodicamente, é preciso atualizar a agenda.

- **RECADOS.** Anote os recados de forma correta. Eles podem ser registrados em uma planilha, um caderno ou um formulário. Alguns profissionais registram o recado em uma planilha e então o enviam por *e-mail* ou por aplicativo (WhatsApp, Telegram) ao destinatário. Outros preferem dar o recado pessoalmente ou por telefone. Todas as formas estão corretas, desde que não se perca a informação e se transmita o recado.

O CONTATO COM O CLIENTE

O atendimento telefônico possui algumas diferenças em comparação com o pessoal. No atendimento pessoal, o cliente está diante do colaborador. Por essa razão, tanto o cliente como o atendente podem observar a linguagem não verbal um do outro. O cliente pode, pelos gestos, pela postura corporal e pelas expressões faciais do profissional, ver se está sendo atendido com atenção e boa vontade. Já da parte do colaborador, a linguagem não verbal do cliente pode expressar as reações da pessoa, o que auxilia a dinâmica do atendimento. No caso do atendimento telefônico, o item significativo será a voz, e por esse motivo o atendente precisa dar uma atenção especial a esse quesito.

- Atenda no segundo toque.
- Mantenha a elegância desde o início do atendimento até o final.
- Coloque um sorriso na voz. Atender com voz de "sim" demonstra alegria ao receber o telefonema de um cliente.
- Fale pausadamente, com calma e em tom de voz adequado (nem alto nem baixo).
- Procure usar de objetividade sempre. O cliente aprecia atendimento transparente.

- Faça perguntas para identificar a demanda do cliente. Muitas vezes, o cliente não explica com clareza a sua necessidade e, com isso, corre o risco de não ter a resposta esperada ou o seu pedido atendido. Procure fazer perguntas-chave.
- Tome cuidado com apelidos carinhosos e forma de falar com muita intimidade. Lembre que o cliente não é uma pessoa íntima, e sim alguém que negocia com a sua empresa.
- Nunca utilize apelidos ao se referir a colegas de trabalho. É totalmente deselegante.
- Atenção a palavras e nomes estrangeiros. Prefira utilizar o código de soletrar (ver quadro a seguir).
- Confirme os entendimentos, repetindo as informações vitais. Ao final do atendimento, é importante conferir algumas informações, para verificar se o cliente teve uma compreensão correta do assunto exposto.
- Encerre a conversa de forma cordial.
- Caso atenda a uma ligação cujo assunto seja de outro setor, anote tudo e, ao transferi-la ao colega, passe todos os detalhes à área competente. O cliente valoriza essa forma de atendimento.

ALFABETO FONÉTICO INTERNACIONAL

O código de soletrar contribui para que, em uma comunicação, não sejam usados termos inadequados – por exemplo, B de "bobo", C de "cachorro", L de "lâmpada", V de "vaca". São formas deselegantes de soletrar.

Ao utilizar o código internacional, aplicado na aviação, em vez de A, dizemos "Alfa"; em vez de B, falamos "Bravo" (ver abaixo). É um padrão já estabelecido e que confere um caráter mais profissional à conversa. Mas, caso seu interlocutor não conheça o código, empregue a forma que seja compreensível para ele.

A = Alfa

B = Bravo

C = Charlie

D = Delta

E = Echo ("Eco")

F = Foxtrot

G = Golf

H = Hotel

I = India

J = Juliett

K = Kilo

L = Lima

M = Mike ("Maique")

N = November

O = Oscar

P = Papa

Q = Quebec

R = Romeo

S = Sierra

T = Tango

U = Uniform

V = Victor

W = Whiskey

X = X-ray

Y = Yankee

Z = Zulu

Como agir e o que evitar

EXEMPLO 1

👎 *"Alô!"*

Substitua o "alô" pelo nome da empresa. Em seguida, identifique-se e saúda a pessoa.

👍 *"Empresa Camargo Aguiar, Marlene, boa tarde!"*

EXEMPLO 2

👎 *"Quem gostaria?"*
Ou
"Quem deseja?"
Ou
"Quem quer falar?"

Essas frases carecem de complemento (quem gosta, gosta de algo ou de alguém). E, para o cliente, passam a impressão de amadorismo.

👍 *"Qual o seu nome, por gentileza?"*
Ou
"Quem gostaria de falar com o sr. Carlos de Abreu?"
Ou
"Quem deseja falar com o sr. Carlos de Abreu?"

EXEMPLO 3

👎 *"De onde o senhor é?"*

Essa frase pode ser interpretada de forma errada. "De onde o senhor é" pode ser entendido como a origem da pessoa ou a cidade onde ela mora.

👍 *"Por favor, qual o nome da empresa?"*
Ou
"Por favor, qual é a sua empresa?"

(cont.)

EXEMPLO 4

👎 *"Um minutinho!"*

Todo diminutivo deve ser suprimido no atendimento ao cliente. Também não devemos falar "Um minuto", pois alguns clientes cronometram o tempo e dizem que o atendente não conseguirá dar a resposta em um curto espaço de tempo.

👍 *"Um instante, por favor."*
Ou
"Um momento, por favor."

EXEMPLO 5

👎 *"Ele não se encontra."*

Quando o profissional de atendimento fala dessa forma para o cliente, pode parecer que a pessoa que está sendo procurada está perdida e não foi encontrada.

👍 *"Ele não está no momento. Gostaria de deixar algum recado?"*
Ou
"O sr. Carlos de Abreu está em uma reunião externa. Poderia deixar um recado?"

EXEMPLO 6

👎 *"Estou ligando por parte da Alice Sampaio."*

É uma frase incorreta e pode gerar interpretações errôneas.

👍 *"Fui recomendado (ou indicado) pela Alice Sampaio."*

EXEMPLO 7

👎 *"O meu chefe saiu para tomar um café."*
Ou
"O meu chefe foi almoçar e ainda não voltou."

Ambas as frases estão incorretas. É deselegante informar ao cliente algo pessoal de membros da empresa. Além disso, "e ainda não voltou" pode ser interpretado como "deveria ter voltado e não voltou".

👍 *"Meu executivo está em uma reunião externa. Gostaria de deixar um recado?"*
Ou
"O sr. Marcos Almeida está em um compromisso externo e voltará no período da tarde." (É importante não fornecer um horário exato, pois pode haver atraso.)

EXEMPLO 8

👎 *"Meu chefe está no banheiro."*

É uma frase inadmissível. O atendente jamais deve informar algo desse tipo.

👍 *"Meu gerente está em reunião. Posso anotar o seu recado?"*
Ou
"Meu diretor está atendendo um cliente. Poderia deixar um recado?"

EXEMPLO 9

👎 *"Até logo!"*

Essa frase deve ser evitada, pois o atendente não sabe se encontrará logo o cliente. Procure deixar sempre algo positivo no final do atendimento/conversa.

👍 *"Tenha um bom dia!"*
Ou
"Tenha uma boa tarde!"

ATENDIMENTO DIGITAL

Para tratar desse assunto, é necessário mencionar a inteligência artificial, que tem impactado os atendimentos das empresas.

O autor José Augusto Rodrigues Pinto afirma que a inteligência artificial consiste em um ramo de pesquisa da ciência da computação que busca desenvolver mecanismos e dispositivos tecnológicos que possam simular o raciocínio humano. Bernardo Marucco complementa ao explicar que se trata da capacidade de simular ações humanas, como coletar e processar dados, aprender por meio de experiências e interações, tomar decisões, resolver problemas, otimizar tarefas por meio de mecanismos ou *softwares*.

Atualmente, as empresas possuem diversos canais digitais de atendimento ao cliente. Esse tipo de comunicação é sempre ágil, mas pode apresentar algumas lacunas. As pessoas o utilizam de forma desordenada e, em algumas situações, não respeitam horários adequados. Os canais digitais são importantes, mas é primordial ter equilíbrio na sua utilização.

E, embora as pessoas se comuniquem muito por esses canais, isso não inviabiliza o "bom e velho" relacionamento com o cliente, de forma pessoal ou por telefone.

Otimizar os canais de atendimento digitais, seja por meio de um *e-mail* padrão ou por respostas automáticas, não significa deixar o aspecto humano de lado.

Quais são os canais digitais?

SITE

- **FALE CONOSCO.** Canal para contatar, reclamar, opinar, sugerir.
- **OUVIDORIA.** Canal para um contato, após não ter obtido êxito no Fale conosco.

E-MAIL

É uma das formas mais comuns de atender o cliente. O atendimento por *e-mail* deve seguir o padrão de comunicação da empresa, que pode ser mais formal ou informal.

Cuidados necessários:

- a redação deve ser perfeita (mensagem com começo, meio e fim e palavras escritas corretamente);
- é elegante responder com brevidade às mensagens, mas é necessário ter horários determinados para esse trabalho;
- os *e-mails* devem ser arquivados nas respectivas pastas.

REDES SOCIAIS

As redes sociais são canais importantes de divulgação e de atendimento ao cliente. As mais utilizadas são o Facebook, o Instagram e o LinkedIn.

Esse canal é capaz de oferecer inúmeros benefícios para a empresa, mas também pode trazer resultados negativos, em função de comentários e reclamações. Por exemplo, serviço ou produto com defeito e a empresa não resolveu o problema.

CHAT

O bate-papo ao vivo (por meio do *site* da empresa) permite estar disponível para o cliente no momento em que essa presença é necessária. Para muitas pessoas, é mais fácil digitar uma mensagem diretamente na tela em vez de encontrar um endereço de *e-mail* ou fazer uma ligação. Esse tipo de atendimento aproxima o cliente.

Pontos importantes:

- a elegância e a simpatia são dois fatores fundamentais;

- algumas empresas utilizam *emoticon*s ou algo similar durante o *chat*, para deixar o atendimento menos formal, mas tudo dependerá das normas existentes;
- o atendente precisa passar confiança por meio da comunicação escrita. Por exemplo, o profissional de atendimento deve ter conhecimento de todos os detalhes de um assunto quando está escrevendo para o cliente. Se conhecer somente parte, o cliente perceberá, o que poderá levar à perda de confiança nesse profissional e até na empresa;
- o cliente espera a resolução do seu problema em um curto espaço de tempo quando aciona esse canal, por isso o atendimento precisa deixar pelo menos tudo encaminhado.

AUTOATENDIMENTO (*CHATBOT*)

Chatbot é um programa de computador que simula um ser humano na conversação com as pessoas. Com base na programação feita pela empresa e nas respostas digitadas pelo cliente (no *site* ou no app da empresa), o *software* vai encaminhando o atendimento. Em muitos casos, o *chatbot* funciona como uma "triagem" até o atendimento com um profissional "de verdade".

WHATSAPP E TELEGRAM

Aplicativos de troca de mensagens são canais muito usados por clientes e empresas para atendimento, pois permitem juntar imagens, texto e voz na comunicação.

Alguns pontos que devem ser levados em consideração:

- é importante haver a certeza de que o cliente tem preferência por esse meio de comunicação, para que as mensagens não pareçam "invasivas";
- os contatos devem ser feitos durante o horário comercial;
- deve haver um horário para responder às solicitações;
- todas as mensagens dos clientes devem ter resposta, caso contrário isso será interpretado como falta de atenção;
- textos ou áudios muito longos devem ser evitados.

ESTRATÉGIAS PARA UM ATENDIMENTO EXCELENTE

O que agrada ao cliente?

Essa pergunta pode ter inúmeras respostas. Os itens a seguir podem contribuir para o profissional prestar um excelente atendimento.

- Ter conhecimento do produto ou serviço.
- Ter informações atualizadas da empresa.
- Ter agilidade no atendimento e na resolução do problema.
- Ser gentil e manter a elegância, mesmo em momentos difíceis.
- Se necessário, demonstrar flexibilidade da empresa para buscar novas alternativas.
- Oferecer opções e sugestões para determinados problemas.
- Manter o foco nas solicitações.

Agradar ao cliente é possível desde que os profissionais estejam comprometidos com a qualidade.

Nesse contexto, a empresa deve estudar estratégias fundamentais para superar todas as expectativas do cliente, e uma delas é fazer pesquisa de satisfação com periodicidade (ver página 84).

QUAIS SÃO AS ESTRATÉGIAS?

CUMPRIR O PROMETIDO

Esse é um fator que gera muitas reclamações: prometer muito e cumprir quase nada. O cliente avalia esse item com muito critério. É importante informar ao cliente o modo como o trabalho será executado (o que será feito, prazo, etc.). Não adianta atender bem, vender uma imagem e, depois, apresentar um resultado inferior.

MOTIVAR O CLIENTE REALIZANDO AÇÕES PONTUAIS

O cliente espera ser surpreendido sempre. Algumas empresas somente motivam o cliente no início do contato, das negociações, e depois vão se esquecendo da assistência periódica.

ENCANTAR O CLIENTE EM TODAS AS ETAPAS

O encantamento deve ser contínuo e dinâmico. O cliente deve ter as expectativas plenamente satisfeitas.

ANALISAR PEDIDOS, RECLAMAÇÕES E SUGESTÕES COM PROFISSIONALISMO

Todos os pedidos do cliente, bem como reclamações e sugestões, devem ser valorizados pela empresa. Quando não há atenção voltada para esses assuntos, o cliente se desmotiva e busca alternativas.

FAZER A ENTREGA DO PRODUTO OU SERVIÇO COM MUITA QUALIDADE

Manter prazos e entregar produto ou serviço com qualidade são itens que contribuem para a fidelização do cliente.

FAZER O PÓS-VENDA

O pós-venda deveria ser mais trabalhado dentro das empresas. Muitas pessoas deixam de comprar em determinado local por esse motivo. As empresas vendem, mas falham na finalização. Deixam o cliente sem cobertura, não telefonam, não enviam mensagem... enfim, há um descaso em determinadas situações.

PRATICAR A EMPATIA

Entender o cliente é o passo inicial para fazer um atendimento encantador. A empresa deve compreendê-lo não somente como um consumidor mas também como pessoa. Pratique a empatia no atendimento ao cliente. Seja você mesmo. Será que você gostaria de receber esse tratamento quando entra em contato com algum fornecedor, com alguma empresa? Atender sem roteiro demonstra o quanto o profissional está preparado para esse trabalho.

COMUNICAR-SE DA FORMA ADEQUADA

O profissional de atendimento deve se preocupar com a sua comunicação, ajustando-a de acordo com o público. Quando atende um executivo, deve utilizar um vocabulário de maior formalidade. Caso seja uma pessoa de pouco estudo, é simpático usar uma linguagem menos formal. Comunicação adequada não é apenas saber usar palavras bonitas; é aquela que se aproxima do outro.

ANTECIPAR-SE PARA RESOLVER OS PROBLEMAS

A proatividade é essencial no atendimento ao cliente. Ele espera que a empresa faça algo antes de um assunto se tornar problema.

SURPREENDER O CLIENTE

Faça mais do que o cliente espera de você. Surpreender pode consistir em algo simples, mas que não havia sido imaginado antes por ninguém. E, mesmo sendo algo simples, pode ter um impacto positivo no atendimento. O importante é que o cliente se sinta prestigiado com essa atitude.

VALORIZAR OS CANAIS DE ATENDIMENTO

O cliente tem necessidade e direito de questionar, sugerir e reclamar. Quando a empresa mantém um canal para ouvir a pessoa mais importante, ela está apta para direcionar ações pontuais e resolver problemas apontados pelos consumidores.

REALIZAR PESQUISAS DE SATISFAÇÃO

Todos os clientes têm necessidades, desejos e expectativas.

- Uma necessidade é aquilo de que alguém precisa e que é indispensável.
- O desejo é tudo aquilo que alguém quer ter ou usufruir, sendo necessário ou não.
- Expectativa é uma crença centrada no futuro, que pode ser realista ou não. É algo esperado.

Quando a empresa tem conhecimento desses itens, consegue criar mecanismos para atendê-los com maior qualidade. Nesse contexto, a pesquisa de satisfação ajuda na tomada de decisões e na realização de ajustes necessários.

Essa pesquisa é uma maneira de mensurar como andam os atendimentos, se a empresa está superando as expectativas do cliente, e funciona também como um indicador de resultados.

Geralmente, as pesquisas de satisfação são aplicadas após a solicitação do cliente, por telefonema, durante uma visita ou mesmo após um atendimento virtual.

O profissional de atendimento e recepção deve estar atento a todas as pesquisas e fazer o seu trabalho com qualidade, a fim de obter avaliações positivas.

EXEMPLO DE PESQUISA DE SATISFAÇÃO

1) Pensando de forma geral, como você avalia a QUALIDADE dos nossos serviços?

   ( ) Muito ruim
   ( ) Baixa qualidade
   ( ) Indiferente
   ( ) Alta qualidade
   ( ) Muito alta qualidade

2) Com base em suas últimas experiências, como você avalia o nosso ATENDIMENTO em relação a esclarecimento de dúvidas e resolução de problemas?

   ( ) Nada atencioso e prestativo
   ( ) Pouco atencioso e prestativo
   ( ) Indiferente
   ( ) Atencioso e prestativo
   ( ) Extremamente atencioso e prestativo

(cont.)

3) Estou satisfeito(a) com a VELOCIDADE do atendimento da Empresa [nome da empresa]. Quanto você concorda com essa afirmação?

( ) Discordo totalmente

( ) Discordo

( ) Indiferente

( ) Concordo

( ) Concordo totalmente

4) Os nossos COLABORADORES da linha de frente estão atendendo com qualidade e de forma proativa.

( ) Discordo totalmente

( ) Discordo

( ) Indiferente

( ) Concordo

( ) Concordo totalmente

5) Por toda a EXPERIÊNCIA com a nossa empresa, você a indicaria a um(a) conhecido(a).

( ) Discordo totalmente

( ) Discordo

( ) Indiferente

( ) Concordo

( ) Concordo totalmente

MAIS ESTRATÉGIAS

Percebemos que as empresas mais bem-sucedidas são aquelas que possuem projetos voltados para a satisfação do cliente.

Uma técnica válida para elevar o atendimento consiste no fornecimento de pequenos serviços extras. É agradável quando o cliente recebe algo que não foi solicitado. É a superação da expectativa.

Também é muito importante chamar o cliente pelo nome. Algo muito simples, mas que tem um peso incrível para ele. Ele se sente "parte" do setor, da empresa.

Convidá-lo para alguma atividade, que pode ser uma confraternização, uma palestra, um *workshop*, por exemplo, pode ser percebido por ele como "sou importante".

São atitudes no atendimento que fazem toda a diferença e surtem um efeito mágico no cliente.

TÉCNICAS SECRETARIAIS

ARQUIVOS, AGENDA E *FOLLOW-UP* 93

ORGANIZAÇÃO DE VIAGENS 105

ORGANIZAÇÃO DE REUNIÕES 113

Esta parte do livro é voltada a profissionais que trabalham mais diretamente com gestores, pois trata da organização de viagens e de reuniões, além de atividades ligadas à gestão da informação (arquivo, agenda e *follow-up*).

A gestão de informação auxilia os gestores a terem um melhor entendimento do negócio e dos clientes, lidando com dados físicos e digitais de diversas fontes (por exemplo, redes sociais, dados internos da empresa, pesquisas de opinião, etc.). A gestão de informação transforma esses dados em informações úteis, identificando-os, analisando-os, organizando-os e armazenando-os.

Outro item importante é a segurança. As empresas e os profissionais devem garantir a proteção dos documentos de maneira geral. O mundo dos negócios é competitivo, e informações podem gerar privilégios de acordo com a sua relevância. Você já deve ter ouvido a frase "informação é poder".

Não é apenas o profissional específico de gestão de informação que trabalha com esses dados todos. O secretariado também lida com esse tipo de material diariamente, ao receber documentos de vários setores internos e de clientes. Algumas informações, inclusive, são sigilosas.

Quanto à organização de viagens, é uma das técnicas secretariais mais importantes na rotina empresarial. Essa tarefa exige muito zelo, e seus detalhes são explicados nesta parte do livro.

Algumas empresas contam, em sua estrutura organizacional, com uma agência que cuida de todos os procedimentos da viagem. Mas isso não dispensa a atenção total da secretária para checar se tudo o que foi solicitado está correto, bem como para ter à mão todas as informações necessárias, uma vez que é a pessoa mais próxima do executivo e da equipe, caso haja algum imprevisto.

Por fim, organização de reuniões é uma das principais atividades de uma secretária. Atualmente, esse tipo de encontro costuma ter um tempo bem menor. No passado, os participantes podiam ficar seis, oito horas dentro de uma sala discutindo inúmeros assuntos.

Com as preocupações sanitárias decorrentes da pandemia de Covid-19, temos cada vez mais reuniões realizadas virtualmente. No entanto, muitas das informações relativas à preparação de reuniões continuam válidas, como poderá ser visto nas próximas páginas.

ARQUIVOS, AGENDA E *FOLLOW-UP*

GESTÃO DA INFORMAÇÃO

A gestão da informação cuida do planejamento, da execução e de mecanismos de segurança dos dados. Uma das principais tarefas dos profissionais desse setor, dentro das organizações, é oferecer informações estratégicas para os gestores e contribuir para as tomadas de decisão.

Assim como os especialistas da área, as secretárias lidam com informações, sistemas e segurança. A maioria dos documentos de uma empresa está sob a sua responsabilidade. O secretariado atua ao lado do poder decisório; está sempre em contato com a área documental da sua área e também com assuntos particulares do gestor.

PROCEDIMENTO PARA RECEBER E ENCAMINHAR DOCUMENTOS

RECEBER OS DOCUMENTOS. Os documentos chegam de várias formas: *e-mails*, portadores, *sites*, aplicativo de mensagens, encomendas por empresas credenciadas. O volume pelos correios tem diminuído sensivelmente em função da tecnologia.

FAZER A TRIAGEM DOS ASSUNTOS. O profissional de secretariado recebe muitas informações e necessita separar os documentos que deverão ser enviados aos setores responsáveis. Alguns documentos chegam em nome de uma pessoa, mas podem estar sob a responsabilidade de outra. Por exemplo, um portador entrega um contrato para o sr. X, mas é o sr. Y quem está cuidando do documento. A secretária que conhece o assunto deve fazer esse encaminhamento corretamente.

ENCAMINHAR OS DOCUMENTOS. É necessário conhecer os documentos para encaminhá-los ao setor responsável, caso não seja do seu departamento. Após a leitura e a triagem, os documentos seguirão para os setores que cuidarão de cada assunto, no seu devido tempo.

RESOLVER OS PROBLEMAS. Todos os assuntos contidos nos documentos deverão ser resolvidos dentro do prazo estabelecido. É necessário um acompanhamento eficiente dos assuntos.

TECNOLOGIAS QUE INTENSIFICAM O USO DA INFORMAÇÃO

O investimento em inovação tecnológica é uma tendência que vem se transformando em questão de sobrevivência no mercado. As empresas que não valorizam esse item terão dificuldades para se manter.

Algumas ferramentas interessantes são utilizadas na gestão da informação, como as apresentadas a seguir.

Big Data

Estamos falando aqui da área do conhecimento que estuda como tratar, investigar e obter informações de conjuntos de dados abundantes, para serem analisados por sistemas tradicionais. O Big Data está ligado ao armazenamento de volumes grandes de dados que, após análises, são processados por uma ferramenta chamada Big Data Analytics, a qual é utilizada para identificar padrões, gerar relatórios e gráficos.

Gestores da informação são profissionais capacitados para atuar com o Big Data em decorrência de sua formação, que alia TI, matemática e ciências da informação.

Segundo o *Guia da carreira*, vários setores fazem uso do Big Data:

- equipes esportivas, que monitoram e analisam as partidas de seus adversários, a fim de melhorar seu desempenho contra eles;
- comércio varejista, o qual utiliza inúmeras informações sobre clientes para prever futuros hábitos de consumo;
- previsões de tempo, as quais são aprimoradas pelo envio de informações de sensores instalados em milhares de celulares pessoais.

Armazenamento em nuvem

Aqui estamos falando de armazenar dados na internet, por meio de um servidor sempre disponível. Nele, o usuário pode armazenar arquivos, documentos e outras informações sem precisar de um HD, ou seja, o disco rígido. Para a utilização desse formato é necessário ter conexão com a internet e acesso ao sistema.

ARQUIVO

Esse nome é de origem grega e deriva de *archeion*, que significa "documentos".

Arquivos são agrupamentos de documentos organizados, que podem ser preparados ou recebidos, devendo ser preservados por pessoas jurídicas (empresas privadas ou públicas). Existem também arquivos de cunho pessoal, no caso de pessoa física.

As empresas possuem um fluxo intenso de informações e uma gama diversificada de documentos. Os arquivos são de grande importância, visto que neles estão contidos a história, as estratégias, os projetos, a relação de clientes, etc. Sem uma organização dos documentos em arquivo, não haveria condições da localização rápida das informações.

Para que o arquivo possa otimizar o trabalho dos profissionais de todas as áreas, incluindo os de atendimento, é necessário que esteja organizado de modo que atenda a cinco quesitos: segurança, precisão, simplicidade, flexibilidade e acesso.

- **SEGURANÇA.** O arquivo precisa apresentar exigências mínimas de segurança. No caso de ser físico, padrões de prevenção contra incêndio, extravio, roubo e danificação. Alguns arquivos também necessitam de cuidados relativos ao sigilo.
- **PRECISÃO.** Qualquer arquivo deve apresentar rigor na consulta das informações e assegurar a localização de qualquer documento arquivado.
- **SIMPLICIDADE.** O arquivo deve manter simplicidade e facilidade de entendimento. Quando o arquivo é acessível, são reduzidas as possibilidades de falhas.
- **FLEXIBILIDADE.** O arquivo deve seguir a evolução e o desenvolvimento da empresa, seja pública ou privada. Ajustes são sempre necessários em função de mudanças gerais.
- **ACESSO.** O arquivo deve disponibilizar condições de consulta imediata, permitindo a rápida localização dos documentos.

TIPO DO ARQUIVO	CARACTERÍSTICAS
FÍSICO	Arquivo acondicionado em pastas e armários.
DIGITAL	Arquivo organizado em pastas, *softwares* e armazenamento em nuvem.
ATIVO	Guarda documentos que estão sendo usados com frequência.
INATIVO	Guarda documentos que são consultados eventualmente, com pouca frequência. No passado, era chamado de "arquivo morto".
DINÂMICO	Arquivo que está em desenvolvimento. Possui informações recentes e é pesquisado com certa periodicidade.

PASSO A PASSO PARA PLANEJAR O ARQUIVAMENTO

1. Fazer o inventário do acervo, verificando os tipos de documento que serão arquivados.

2. Identificar os documentos. Isso significa realizar a leitura dos documentos para saber se deverão ser arquivados efetivamente.

3. Abrir títulos. Em caso de assunto novo, é necessário criar uma pasta para abrigá-lo.

4. Eliminar títulos desatualizados, encaminhando, ao arquivo inativo, um assunto que já não está sendo mais tratado.

5. Atentar para o sigilo. Documentos sigilosos devem ser organizados em pastas e locais seguros.

MÉTODOS DE ARQUIVAMENTO

Existem alguns métodos de arquivamento em arquivos físicos. Esses métodos podem ser aplicados também aos digitais. Mas, no caso destes, podem inclusive ser criados critérios mais específicos de acordo com a necessidade. Aqui são apresentados métodos que valem para todos os casos.

Alfabético

É o arquivamento pelo sobrenome do cliente, em ordem alfabética. Por exemplo, "Carlos Alves" será arquivado como "Alves, Carlos", e "Marieta Souza Almeida", como "Almeida, Marieta Souza".

EXEMPLOS DE ARQUIVO POR ORDEM ALFABÉTICA (SOBRENOME DO CLIENTE)
Alencar, Vânia Maria
Melo, Antônio
Ribeiro, João Silva

Numérico

Consiste no arquivamento por ordem crescente de número. Para que seja eficaz, é necessária a criação de um índice, a fim de possibilitar uma localização rápida.

EXEMPLOS DE ARQUIVO PELO MÉTODO NUMÉRICO	
PASTA 1	Bancos
PASTA 2	Faturas
PASTA 3	Projetos
PASTA 4	Atas

Alfanumérico

Trata-se do arquivamento por ordem alfabética e numérica. Note, nos exemplos, que ele segue a ordem alfabética e a numeração.

EXEMPLOS DE ARQUIVO PELO MÉTODO ALFANUMÉRICO

Projetos 25

Recursos Humanos 30

Sustentabilidade 35

Geográfico

É o arquivamento por ordem alfabética de bairros, cidades, estados, países e continentes. Cada pasta pode ter subpastas.

EXEMPLOS DE ARQUIVO PELO MÉTODO GEOGRÁFICO

PASTA	SUBPASTAS
SÃO PAULO	Capital Interior Baixada Santista Litoral Norte
BRASIL	Região Norte Região Nordeste Região Centro-oeste Região Sudeste Região Sul
CONTINENTE	América do Sul América Central América do Norte Europa África Ásia Oceania

Por assunto

Consiste no arquivamento por ordem alfabética, de acordo com o tema.

EXEMPLOS DE ARQUIVO ORGANIZADO POR ASSUNTO
Departamentos
Estratégias
Eventos
Viagens

TABELA DE TEMPORALIDADE

Tabela de temporalidade é uma ferramenta essencial da gestão de documentos, pois determina o prazo de permanência deles em um arquivo e sua finalidade após esse prazo. É como se estivéssemos falando do tempo de vida útil de um documento. Os que devem ser guardados por mais tempo são os relacionados às áreas contábil, fiscal, financeira, previdenciária e pessoal.

A tabela oficial de temporalidade é utilizada, obrigatoriamente, pelas entidades municipais, estaduais e federais, guardando suas especificidades.

As empresas privadas podem utilizá-la como referência, já que trocam informações com esses órgãos públicos, mas apenas para arquivamento ou armazenamento de informações recebidas. As informações emitidas devem respeitar os critérios de uma tabela de temporalidade própria, elaborada internamente mediante o levantamento do seu acervo e seu fluxo.

ARQUIVOS DIGITAIS

Para o arquivamento de forma digital, é necessário considerar alguns itens:

- fazer um levantamento de todos os documentos a serem arquivados;

- criar uma planilha listando os documentos que podem ser eliminados, digitalizados ou que precisam ser mantidos;
- elaborar tabela de temporalidade de acordo com normas da empresa;
- identificar quais documentos são emitidos pela internet e servem como originais. Por exemplo, certidões negativas de débitos.

Algumas empresas trabalham com pastas na rede que são administradas pelo servidor. Outras utilizam algum tipo de armazenamento digital, como nuvem, OneDrive, G Suite (serviço do Google com diversos aplicativos que ajudam na produtividade e no armazenamento).

Nas últimas décadas, surgiram muitas formas de armazenamento de documentos, mas é válido observar que o Gerenciamento Eletrônico de Documentos (GED) leva benefícios significativos a uma empresa, que são perceptíveis em praticamente todos os seus departamentos e setores. A solução tecnológica de GED consiste em um conjunto de módulos interligados que possibilita o gerenciamento de documentos em forma física ou digital. Esses documentos podem ser de origens diversas – por exemplo, papel, microfilme, imagem, som, planilhas eletrônicas, arquivos de texto, etc.

Armazenamento em nuvem

O armazenamento em nuvem, como visto anteriormente, dispensa a necessidade de um local. Seja em *desktop*, *notebook*, *smartphone* ou *tablet*, não é necessário haver um HD para guardar informações, porque tudo se manterá arquivado e disponível em ambiente digital.

Para acessar esses arquivos armazenados em nuvem, o usuário precisa apenas de uma conexão de internet. Isso pode ser feito de qualquer lugar e a qualquer hora do dia, desde que haja rede para uso.

O autor Andrei Longen afirma que as grandes empresas de tecnologia, como Microsoft, Google e Apple, mantêm centros de dados com milhares de servidores ligados 24 horas durante o ano inteiro. Esses servidores têm elevada capacidade de armazenamento e podem estar localizados a quilômetros de distância do usuário. Estão conectados à internet.

Quando o usuário acessa um serviço de armazenamento em nuvem, ele entra em pelo menos um desses servidores. Dessa forma, consegue enviar seus arquivos pela internet e deixá-los guardados.

AGENDA

O ato de agendar é uma técnica que deve ser utilizada por pessoas que querem manter a organização e a produtividade nos compromissos. Quando a agenda está atualizada e os compromissos se mantêm nos horários estabelecidos, o profissional tem maior facilidade para otimizar o tempo e obter resultados. O contrário também acontece: agenda desorganizada pode afetar a produtividade.

Utilizar agenda de papel ou agenda digital é uma escolha que depende primordialmente do gosto pessoal. No entanto, há vários benefícios na adoção da agenda digital e que podem ser aliados na otimização do tempo.

A agenda *on-line* é um aplicativo que permite editar os compromissos digitalmente, seja no computador ou no celular. Em alguns casos, é possível compartilhar os compromissos com um ou mais usuários. A maioria das agendas *on-line* também possibilita salvar os dados e armazená-los na nuvem.

Algumas das principais utilidades da agenda *on-line* são:

- elaborar eventos;
- criar notificações por *e-mail*;
- gerar lembretes dos compromissos, por dia, semana ou mês;
- compartilhar com uma ou mais pessoas.

Se o profissional precisar de uma agenda telefônica, bastará adicionar os nomes e os números dos seus contatos.

Existem outros tipos de agendas *on-line* que podem oferecer diversas funcionalidades. Alguns exemplos são Microsoft Outlook, Google Agenda e Cal Calendar. Todas são muito eficientes.

O Microsoft Outlook faz parte do pacote Office. Ele difere do Microsoft Outlook Express (que é usado basicamente para receber e enviar *e-mail*) porque, além das funções de correio eletrônico, atua como calendário que permite agendar os compromissos, como agenda e como gerenciador de tarefas.

Google Agenda permite visualização de programação, com imagens e mapas. Esse tipo de agenda pode ser acompanhado de forma diária, semanal e mensal. Também permite convites e integração com eventos do Gmail.

O Cal Calendar, da Any.do, é um aplicativo de organização e produtividade de tarefas, listas e lembretes. Sincroniza com diversos dispositivos, disponibilizando as listas em qualquer lugar.

FOLLOW-UP

Essa expressão em inglês pode ser traduzida como "seguir" ou "fazer acompanhamento".

Ou seja, o *follow-up* tem a finalidade de acompanhar atividades que já foram realizadas, cujas datas devem ser monitoradas para obtenção de resultados positivos. O *follow-up* pode ser utilizado em qualquer área da empresa e deve ser consultado de forma contínua para que seja atingido o objetivo de forma organizada.

- **EXEMPLO 1:** *FOLLOW-UP* **NA ÁREA DE VENDAS.** A secretária deve acompanhar os pedidos, prazos e pagamentos dos clientes.
- **EXEMPLO 2:** *FOLLOW-UP* **DOS ASSUNTOS PARTICULARES DO EXECUTIVO.** A secretária deve relacionar todos os assuntos a serem acompanhados e resolvidos. Por exemplo, uma viagem de férias do gestor e marcação de consultas, entre outros assuntos.

Fazer *follow-up* significa trazer melhorias para determinados projetos e até para a própria rotina de trabalho.

COMO EXECUTAR BEM O *FOLLOW-UP*?

O *follow-up* otimiza a rotina de profissionais de secretariado, recepção e atendimento porque funciona como um grande parceiro da agenda de compromissos. Ele pode ser feito de forma manual, por meio de pastas, ou por gerenciadores de informações digitais.

Para que o *follow-up* seja produtivo, é necessário que o profissional faça a consulta todos os dias de manhã e no final da tarde. De manhã, para verificar as atividades do dia. No final da tarde, para examinar se tudo que constava dessa data foi realizado.

- **EXEMPLO 1.** Localizar um relatório do departamento de marketing, tirar cópia e enviar ao setor de compras até as 15 h.
- **EXEMPLO 2.** Fazer contato com uma marcenaria, pedir um orçamento de um móvel para a casa do executivo. O ideal seria telefonar.
- **EXEMPLO 3.** Encaminhar uma mensagem de *e-mail* para o despachante da empresa, que é terceirizado, e solicitar que venha até o escritório para uma reunião, na próxima semana.

É necessário ter foco e determinação, para não perder nenhuma etapa e nenhum prazo. Alguns assuntos exigem um período maior de checagem.

ORGANIZAÇÃO DE VIAGENS

Uma viagem é um processo, ou seja, não está limitada ao tempo de sua duração; envolve também as etapas que a antecedem e a sucedem. Por isso, deve ser planejada com cuidado e atenção para que tenha êxito e o seu objetivo seja alcançado.

Muitas empresas e/ou instituições possuem liberdade fiscal e financeira para adotar sua própria política de viagens, inclusive a sua prestação de contas. Entretanto, os *check-lists* que tratam de pontos comuns a todas são úteis para que a secretária elabore o seu próprio, inserindo as particularidades e regras da empresa em que trabalha.

A secretária é uma agente de negócios para a empresa e, por essa razão, deve buscar cortar custos e administrar bem o tempo gasto em viagens do executivo e/ou de membros da equipe. Toda viagem deve ter um planejamento, para evitar mal-entendidos e auxiliar na otimização dos recursos financeiros. Essa organização prévia permite negociar tarifas e efetuar reservas antecipadas, reduzindo custos. A secretária pode até adotar, como base para o planejamento, a confirmação do orçamento previsto ($) para a viagem. Certamente vão existir viagens urgentes e de última hora, mas isso deve ser uma exceção, e não uma regra.

Um detalhe muito relevante é estar sempre atualizado com as normas da empresa sobre viagens de trabalho, pois é comum elas sofrerem alterações.

O ideal é que a secretária faça o planejamento diretamente com o executivo ou, se for o caso, com o líder da equipe responsável pela viagem, para evitar ruídos na comunicação, remarcações e despesas desnecessárias. Se a viagem a ser realizada envolver muitos compromissos, o ideal é a secretária levar o esboço de um panorama para ser discutido o planejamento. Com isso, ficarão mais claras as ações e as providências a serem tomadas.

INFORMAÇÕES PRELIMINARES

- Definir destino, datas de ida e volta, período da viagem.
- Confirmar se a pessoa viajará sozinha. Caso não, com quantas mais.
- Confirmar com a pessoa a validade dos documentos pessoais (RG e/ou passaporte), bem como da carteira de vacinação e do plano de saúde.
- Confirmar a validade dos cartões de crédito e se estão habilitados para uso no exterior (caso a viagem seja internacional).
- Se a viagem for internacional, a solicitação do visto consular, quando exigido na entrada do país de destino, deverá ser providenciada com antecedência, uma vez que os procedimentos variam entre os países. Também é necessário informar-se sobre as vacinas exigidas.
- Conhecer as preferências da pessoa em relação a horários, companhias aéreas, hospedagem, restaurantes, etc.
- Se possível, escolher hotel próximo ao local dos compromissos de trabalho, para evitar maior tempo de deslocamento e gastos com transportes.
- Com a pessoa que vai viajar, levantar todos os contatos de outras pessoas que vai precisar encontrar em razão da viagem, para reuniões, entrevistas, visitas, etc. Esses contatos devem ser confirmados por telefone e formalizados ou registrados (por *e-mail* ou por aplicativos de mensagem).
- Planejar o tempo prevendo atrasos.
- Verificar os materiais e as informações (dados, planilhas, amostras de produtos, etc.) que precisam ser levados e que exijam preparo prévio por parte de outros setores da empresa.

- Dependendo da natureza da viagem a trabalho, verificar também a necessidade de levar equipamentos diferenciados, como projetor multimídia, caixa de som externa, *notebook* extra ou, ainda, se precisará de uma sala de reuniões externa, em hotéis ou afins.
- Diárias: providenciar com antecedência com o setor financeiro (ou setor responsável) as diárias correspondentes ao período em que o solicitante viajará a trabalho. É válido observar que os procedimentos e as políticas quanto a diárias e reembolsos variam entre as empresas.
- Apresentar à pessoa que vai viajar os assuntos que estão em *follow-up* para o dia ou o período em que estiver ausente.
- Verificar com a pessoa quem vai responder pelo setor e assinar documentos em sua ausência.

ORGANIZAÇÃO DE VIAGENS RODOVIÁRIAS

Ainda que não tão comuns, viagens rodoviárias são adotadas por algumas empresas por razões como rapidez, proximidade da cidade de destino e inexistência de aeroportos. Além disso, há quem prefira viajar por terra a ficar horas esperando para embarcar em um avião ou até por medo de voar. Geralmente fazem essas viagens executivos, coordenadores e técnicos que precisam prestar serviços, participar de treinamentos ou ministrá-los.

CHECK-LIST:
VIAGEM RODOVIÁRIA

- [ ] Informar-se sobre as opções de itinerário.
- [ ] Em caso de viagem de ônibus, pesquisar todas as opções de horários.
- [ ] Levantar os números de telefones da rodoviária ou da rodoferroviária local.
- [ ] Pesquisar opções de hotel na região, caso vá necessitar.

(cont.)

- [ ] Analisar o trajeto que o solicitante da viagem vai realizar desde a residência ou da empresa até a rodoviária, verificando se vai precisar de táxi ou outro tipo de traslado.
- [ ] Analisar a chegada dele no destino, bem como o traslado lá, para que se cumpra o objetivo da viagem.
- [ ] Verificar a necessidade de alugar um carro no local de destino.
- [ ] Se a viagem for em carro próprio:
    - atentar para que seja feita revisão no veículo;
    - providenciar abastecimento de combustível;
    - levantar a quantidade e os valores dos pedágios;
    - checar as regras de reembolso e/ou liberação antecipada de verba para tal.
- [ ] Se a viagem for feita em carro da empresa, com motorista, solicitar que ele próprio cheque as condições do veículo e afins e compartilhe as informações com você.
- [ ] Preparar para o solicitante da viagem um roteiro, impresso, que contenha a programação da viagem, os telefones importantes, o *voucher* do hotel com a reserva, os cartões de embarque e a agenda a ser cumprida no local de destino.
- [ ] Providenciar para o solicitante da viagem um envelope no qual ele guarde todos os comprovantes (para a prestação de contas). Isso será sinônimo de facilidade para ele, uma vez que poderá concentrar em um só lugar todas as notas de despesas, evitando o extravio.

ORGANIZAÇÃO DE VIAGENS AÉREAS

Considerando as informações preliminares levantadas no planejamento, os pontos mais comuns a serem observados para a logística de uma viagem aérea são os listados a seguir.

CHECK-LIST:
VIAGEM AÉREA

- [ ] Levantar as melhores opções de voos e tarifas. Lembrando que nem sempre a tarifa mais barata é a melhor opção em relação ao tempo despendido.

- [ ] Fazer as reservas das passagens e comprar antecipadamente.

- [ ] Monitorar a emissão do bilhete e a chegada do código localizador.

- [ ] Efetuar as reservas de hotel com antecedência. Atenção para o fato de que, dependendo da sua própria política de viagens, algumas empresas já trabalham com hotéis específicos e a escolha está condicionada ao cargo do solicitante da viagem. Outras, entretanto, possuem um valor predefinido para o pagamento total da diária, ficando sob responsabilidade do solicitante a quantia que destinará para a hospedagem.

- [ ] Solicitar ao hotel a confirmação da reserva.

- [ ] Fazer o *check-in* dos bilhetes aéreos antecipadamente.

- [ ] Verificar a forma como será feito o traslado do aeroporto ao hotel na chegada e como serão realizados os traslados dos dias seguintes. Verificar a necessidade de alugar um carro no local de destino.

- [ ] Ainda que as informações estejam garantidas de forma eletrônica, pode ser útil preparar para o solicitante da viagem um roteiro, impresso, que contenha a programação da viagem, os telefones importantes, o *voucher* do hotel com a reserva, os cartões de embarque e a agenda a ser cumprida no local de destino.

- [ ] É interessante também providenciar para o solicitante da viagem um envelope no qual ele concentre todos comprovantes para a prestação de contas. Isso será sinônimo de facilidade e segurança.

DETALHES DE VIAGENS INTERNACIONAIS

Muitos detalhes referentes às viagens internacionais se relacionam com as informações dadas até aqui e servem como reforço para que tudo saia perfeito.

CHECK-LIST:
VIAGEM INTERNACIONAL

- [ ] Checar novamente a validade do passaporte e, se houver necessidade, da carteira internacional de habilitação.
- [ ] Reconfirmar a necessidade ou a emissão do visto consular.
- [ ] Providenciar a habilitação do celular para uso no exterior.
- [ ] Reconfirmar se o cartão de crédito abrange o uso internacional.
- [ ] Checar a estação do ano e o fuso horário.
- [ ] Observar o câmbio e a conversão da moeda local.
- [ ] Confirmar com o solicitante da viagem se precisa levar em mãos um pouco de moeda estrangeira em espécie.
- [ ] Conferir a validade do Certificado Internacional de Vacinação e se as vacinas exigidas para o país de destino estão em dia.
- [ ] Checar se o solicitante da viagem faz uso de algum medicamento diário e se esse está liberado para entrar no país de destino.
- [ ] Fazer um levantamento quanto aos costumes e regras protocolares do país de destino, para o solicitante da viagem se inteirar com antecedência.
- [ ] Organizar todo o itinerário e confirmá-lo antecipadamente.

BAGAGEM DE MÃO

Além do *check-list* da viagem, é muito importante observar itens indispensáveis para o solicitante da viagem levar em sua pasta e/ou bagagem de mão.

> ✓
>
> ***CHECK-LIST:***
> **BAGAGEM DE MÃO**
>
> - ☐ Documento de identidade: RG/passaporte.
> - ☐ Carteira internacional de habilitação.
> - ☐ Carteira de vacinação.
> - ☐ Carteira do plano de saúde.
> - ☐ Um pouco de dinheiro, em espécie, na moeda estrangeira correspondente.
> - ☐ Cartões de visita.
> - ☐ Cartão de crédito nacional ou internacional.
> - ☐ Roteiro impresso de toda a viagem contendo a programação da viagem, os telefones importantes, o *voucher* do hotel com a reserva, os cartões de embarque e a agenda a ser cumprida no local de destino.
> - ☐ Envelope para que sejam guardados todos os comprovantes das despesas para a prestação de contas.
> - ☐ Bloco para anotações e canetas.
> - ☐ Material técnico para as reuniões: relatórios, cronogramas, *pen drives*, etc.

DEPOIS DA VIAGEM

No retorno ao escritório, a secretária deve, para fechar o ciclo da viagem, tomar algumas providências indispensáveis:

- preparar o relatório de viagem para a prestação de contas, de acordo com as normas e os procedimentos administrativos da empresa;
- checar as pendências;
- pedir ao solicitante da viagem os cartões de visita trocados, anotando no verso, para eventual consulta, a data e o local da viagem;
- verificar quais dessas pessoas (cujos nomes constam dos cartões) devem receber *e-mail* de agradecimento;
- verificar material técnico das visitas lá realizadas, perguntando o que será divulgado na empresa, o que será compartilhado em reuniões, o que se converterá em relatórios e o que será arquivado.

CONSIDERAÇÕES FINAIS SOBRE VIAGENS

Quando a secretária antecipadamente relaciona e confere tudo o que é necessário em todas as etapas de uma viagem, desde o seu planejamento até o retorno ao escritório, o risco de se esquecer de algo é reduzido consideravelmente.

Com dedicação, zelo e sem provocar quaisquer conflitos com os envolvidos, as providências fluem de forma natural e sem estresse para todos. Além disso, o sucesso e a imagem da empresa estarão garantidos, uma vez que o solicitante da viagem a representa.

Com o êxito da viagem, todos sentem mais confiança no trabalho da secretária, criando um círculo virtuoso. Essas práticas geram um notável diferencial no perfil dessa profissional.

ORGANIZAÇÃO DE REUNIÕES

As reuniões são realizadas por motivos diversos:

- apresentação de algum produto ou serviço;
- atender exigências legais, como reunião de diretoria, acionistas, resultados financeiros, entre outras;
- informação de algo urgente que ocorreu, como demissão de algum diretor, venda da empresa, entre outros assuntos;
- mudanças de normas e procedimentos da empresa;
- treinamentos de equipes;
- recebimento de cliente externo.

PAUTA

A pauta é o documento que conduz a reunião. Deve ser estabelecida antes que ela aconteça.

O ideal é que o gestor que está solicitando a reunião se preocupe em preparar uma pauta coerente antes de se reunir com as pessoas de seu time, com outros líderes ou com convidados externos. A seguir, são listados alguns itens importantes na elaboração de pauta. É muito válido a secretária saber os elementos que são levados em conta para essa elaboração, por trabalhar diretamente com o gestor solicitante, que é o coordenador da reunião. Normalmente, a secretária prepara a pauta em conjunto com o gestor. Mas existem situações em que o executivo passa os assuntos à secretária, e ela monta a pauta.

- Fazer uma relação dos assuntos. Devem ser estabelecidos os tópicos a serem tratados na reunião e ser feita uma lista deles. É importante também estimar o tempo de discussão para cada item que será abordado. Essa relação deverá ser bem organizada e objetiva.
- Organizar os assuntos da pauta. Os tópicos devem ser organizados por ordem de importância. O inicial é o mais importante, e assim sucessivamente. Contratempos acontecem, mas, com uma pauta bem elaborada, as chances de atrasos serão menores.
- Garantir que os convidados tenham informações antecipadas. Quando os participantes forem convidados, devem ser oferecidas informações objetivas sobre o encontro, como motivo da reunião, horários de início e término e obrigatoriedade de participação. Dessa forma, eles poderão se preparar para a reunião e ela ser mais proveitosa.
- Definir responsabilidades. Devem ser estabelecidas quais serão as responsabilidades de cada participante durante a reunião antes que ela comece: quem conduzirá, quem irá tomar notas e quem fará a ata (ver página 116) da reunião.

MODELO BÁSICO DE PAUTA

O esquema a seguir mostra como deve ser feita a organização dos assuntos ao criar uma pauta de reunião. Geralmente, a pauta deve contemplar todas as questões que serão abordadas, desde o objetivo até as resoluções da reunião.

Nome da empresa.

Nome do projeto.

PAUTA DE REUNIÃO

Especificação do propósito da reunião (por exemplo, reunião de apresentação de novo projeto).

Data: (dd/mm/aa).

Horário: (de início e de término).

Local: (inserir o número da sala, caso haja).

Coordenador/responsável da reunião: (inserir o nome).

DADOS GERAIS

Objetivos: (escopo da reunião e resultados a serem alcançados).

PAUTA

(Distribuir a pauta em itens que serão tratados na reunião.)

a. Apresentação das questões a serem tratadas durante a reunião, em ordem de importância e relevância.

b. Soluções ou resultados buscados, com base nas questões abordadas na reunião.

c. Metas, entregas, indicadores, objetivos e interesses das partes envolvidas na resolução do escopo da reunião.

d. Negociação do apoio que deve ser prestado (por exemplo, equipe, espaço, equipamentos, custo).

e. Aprovação das medidas discutidas, considerando as adaptações propostas na reunião.

f. Preparação de uma ata, que deverá ser encaminhada a todos os envolvidos nas definições realizadas (os clientes e os *stakeholders*).

g. Envio das deliberações da reunião.

h. Encerramento da reunião.

PARTICIPANTES

(Lista com os nomes dos participantes, a área de atuação e o contato.)

ASSINATURA DO RELATOR

(Aquele que relata e apresenta os itens a serem tratados na reunião.)

(Assinatura.)
_____

(Cargo.)

ATA

Ata é um documento que serve como registro da reunião realizada. A ata resume com clareza os acontecimentos que se deram durante a reunião, como ocorrências e possíveis resoluções que foram apontadas, decisões tomadas, etc.

É importante salientar que a ata deve ser redigida de forma organizada, e as informações devem estar dispostas objetivamente. A exposição dos assuntos acontece de maneira contínua, com início, meio e fim, e o texto deve estar na linguagem formal.

Exemplos de informações que uma ata deve conter:

- data da reunião;
- local onde a reunião foi realizada;
- horário de início e de fim;
- lista das pessoas presentes e seus cargos;
- pauta da reunião;
- discussões realizadas;
- decisões tomadas;
- próximos passos estabelecidos com base nas decisões.

MODELO BÁSICO DE ATA

ATA

Reunião em 04 de março de 2020.
Local: Empresa X – São Paulo, SP.

PARTICIPANTES
- Joana, Recursos Humanos.
- Carlos, administrador financeiro.
- Sabrina, secretária da área de gestão.

AUSÊNCIAS JUSTIFICADAS
- Eliana, contadora.

SUMÁRIO DOS ASSUNTOS TRATADOS
01. Aprovação da ata da reunião anterior.
02. Desempenho da empresa no setor Y.
Joana comunicou que (...).
No que se refere ao setor Y, esclareceu-se sobre a competência dos funcionários e o seu impacto no desenvolvimento íntegro da empresa (...).
03. Revisão dos dados obtidos.
- Metadados de documentos: Carlos revisou as fichas de metadados com o grupo e atualizou os campos necessários (...).
- Metadados de eventos de gestão: Sabrina apresentou os metadados, divididos em Eventos de Gestão do Ciclo de Vida e Eventos de Gestão de Processo, e fez a revisão das fichas dos metadados com o grupo (...).

TIPOS DE REUNIÃO

As reuniões podem ser formais ou informais. As formais são as reuniões agendadas de forma ordinária, que obedecem a um cronograma preestabelecido pelo setor responsável. As empresas costumam preparar esse calendário de compromissos no início de cada semestre. Normalmente, são realizadas com convocação antecipada e em local próprio (sala de reuniões). Como exemplos, temos reuniões de acionistas, de diretoria e de aprovação de orçamento, entre outros.

Existem as reuniões emergenciais, que não possuem convocação antecipada. São situações que ocorrem sem previsão. Por exemplo, um diretor muito importante pediu demissão e a presidência da empresa precisa comunicar, presencialmente, os outros gestores.

As informais são aquelas realizadas de forma rápida, mas com decisões importantes para um setor, um departamento ou uma área. Podem ocorrer na própria sala do gestor solicitante.

REUNIÕES INTERNAS COM CONVIDADOS EXTERNOS

As reuniões internas podem ter convidados externos: o cliente, um futuro parceiro, um fornecedor, etc. Esse tipo de reunião pode ser organizado pelo solicitante com o suporte eficiente e eficaz da secretária.

Quando houver um convidado externo, é importante deixar o nome e o número do documento dessa pessoa no estacionamento e na recepção, a fim de evitar burocracias e agilizar a entrada.

Quando o convidado chegar, deverá ser atendido pelo recepcionista ou pela secretária. O ideal é oferecer um café e dedicar alguns minutos para uma conversa acolhedora.

REUNIÕES INTERNAS SEM CONVIDADOS EXTERNOS

A reunião sem convidados externos cumprirá a agenda e tratará de assuntos pertinentes a determinadas áreas.

Geralmente, esse tipo de reunião acontecerá dentro da formalidade e obedecerá aos ritos obrigatórios, incluindo a confecção de atas e atribuições pós-reunião.

É importante que, mesmo com participantes internos, a reunião seja no horário estabelecido pelo coordenador.

REUNIÕES EXTERNAS

A participação do gestor em reuniões externas também terá assessoria da secretária, visto que deverá ser preparado determinado material, de acordo com o assunto que será tratado.

Se a reunião ocorrer em outra cidade, poderá ser necessária a contratação de motorista de aplicativo. Caso seja em outro estado, o gestor poderá seguir de ônibus ou mesmo de carro com motorista. Em outro país, exigirá a solicitação de passagens aéreas. O importante é preparar tudo com qualidade.

Na volta do gestor, deverão ser tomadas as devidas providências sobre materiais, ata e relatório de despesas.

ETAPAS DO PLANEJAMENTO E DA REALIZAÇÃO DE UMA REUNIÃO INTERNA

PREPARAÇÃO

- Receber informação sobre a data e o horário da reunião.
- Entrar em contato com as secretárias dos participantes, a fim de alinhar a disponibilidade de data e de horário propostos. Neste item, sempre existe uma dificuldade para definir com todos os participantes uma data em comum.
- Agendar a sala de reuniões interna.
- Enviar o convite da reunião para todos os participantes, já informando data, horário e local, via agenda eletrônica (por exemplo, Outlook).
- Preparar a pauta, de acordo com a solicitação do executivo. É importante que os participantes tenham a relação de assuntos com antecedência.

- Confeccionar os materiais a serem utilizados (apresentações, planilhas, etc.).
- Confirmar, um dia antes da reunião, via telefone ou *e-mail*, a presença de todos os participantes.
- Ter cuidado quanto ao agendamento de muitas reuniões por dia. É necessário um intervalo de 20 a 30 minutos entre uma atividade e outra.
- Verificar com o gestor se algum material será encaminhado aos participantes antes da reunião.

Em caso de reunião presencial

- Alinhar com o gestor solicitante da reunião a necessidade de preparar materiais (por exemplo, impressões e encadernações).
- Tomar providências relativas a pastas e materiais para todos os participantes.
- Solicitar serviço de copa. Existem alguns tipos de serviços:
  - *welcome coffee* (café antes do início da reunião);
  - *coffee break* (parada para o café, em que os participantes podem fazer telefonemas, conversar e até aliviar o estresse);
  - *brunch* (tipo de café e almoço juntos, que costuma ser usado quando não haverá parada para o almoço. Contém um número maior de comidas e bebidas).

Em caso de reunião virtual

No passado, usava-se o recurso de videoconferência. Atualmente, em função do surgimento de várias plataformas, as empresas têm mais opções de escolha (por exemplo, Teams e Zoom).

- Verificar qual plataforma será usada para a reunião. Checar com a secretária do convidado se eles utilizam a mesma.
- Normalmente, o próprio convite da reunião já terá um link para o convidado entrar.

- Verificar se o gestor necessitará de documentos ou algum arquivo para usar na reunião *on-line*.

As reuniões a distância devem ter a mesma qualidade das presenciais. Os grandes negócios são fechados por pessoas comprometidas com o profissionalismo e o respeito ao cliente.

Participação da secretária

Em alguns casos, a secretária participa da reunião, assessorando os gestores ou apresentando um assunto. Tudo dependerá do tipo de reunião e do tema. É necessário, portanto:

- estar preparada para a reunião para não ser surpreendida;
- tomar nota de tudo durante a reunião;
- caso faça alguma apresentação, prepará-la de modo que tenha começo, meio e fim. Olhar nos olhos dos participantes e usar um tom de voz adequado.

Em algumas empresas, a secretária senta-se à mesa da reunião. Em outras, a prática é ocupar uma outra mesa na sala, a fim de ter maior facilidade para sair do ambiente quando for necessário.

Nas reuniões em que não há a participação da secretária, as anotações são feitas por outro participante, designado pelo coordenador da reunião.

ORGANIZAÇÃO DA SALA (EM CASO DE REUNIÃO PRESENCIAL)

- Preparar a sala: limpeza, ar-condicionado, formato da sala (posição das cadeiras e mesas; ver páginas 122-124).
- Verificar os equipamentos que serão utilizados na reunião (computador, projetor multimídia, *laser*, microfone, se necessário). É importante que todos os equipamentos sejam testados antes da reunião.
- Verificar se o serviço de copa está de acordo com o solicitado. Checar horários para esse trabalho.

- Verificar papel rascunho, lápis, canetas, *flip chart,* quadro magnético e outro item importante para a reunião.
- Verificar o horário de término da reunião; se haverá pausa para o almoço. Caso os participantes solicitem a parada para o almoço, é preciso reservar um excelente restaurante. Se necessário, passar o cardápio durante a reunião, para eles escolherem o prato. Com isso, ganharão mais tempo para almoçar com tranquilidade e voltar à reunião.
- Estabelecer um serviço de recados para os participantes. Nas reuniões informais, será mais simples entregar o recado pessoalmente, por meio de um bilhete. Já nas reuniões formais é necessário enviar o recado por aplicativo de mensagem (por exemplo, WhatsApp, Telegram) ou via *e-mail*. Normalmente, os gestores utilizam *notebooks* e permanecem conectados durante as reuniões.

Layouts de mesa

Algumas reuniões formais têm lugares determinados nas mesas, com o nome e o cargo da pessoa. Nas informais, os participantes ocupam os assentos disponíveis. Essas definições dependem das normas internas e do perfil dos gestores.

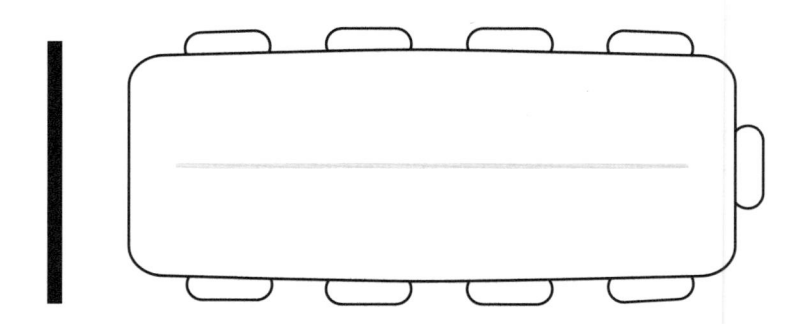

MESA EM "I" com lugares nos dois lados e cabeceira ao centro (à qual sentará quem for direcionar a reunião ou pela posição no organograma). Se o diretor for o coordenador da reunião, deverá sentar-se à cabeceira da mesa. A secretária, caso participe, ficará ao lado esquerdo, para auxiliá-lo.

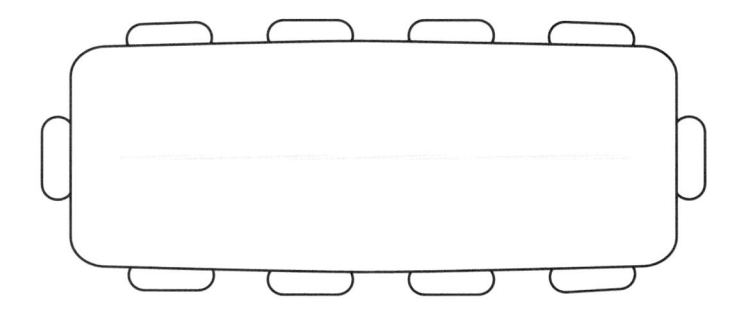

MESA EM "I" com lugares nos dois lados e cabeceira nas duas extremidades. Nesse formato, o coordenador escolhe ocupar qualquer cabeceira. Caso a secretária participe, deverá ficar ao lado esquerdo do coordenador.

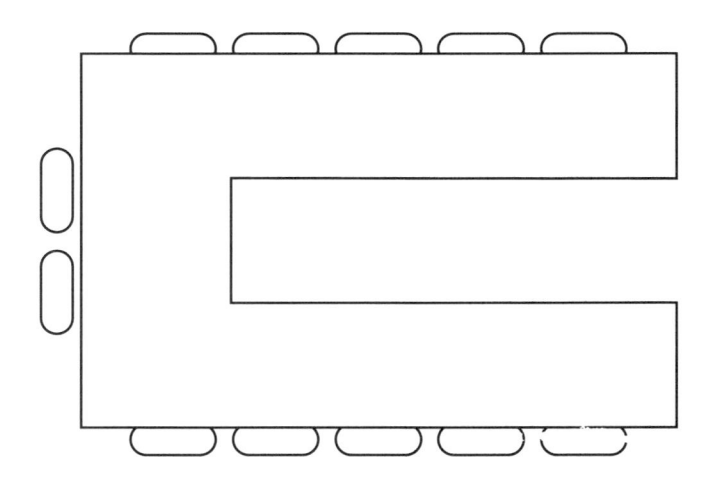

MESA EM "U" com lugares só na parte externa. Esse formato é utilizado para reuniões com mais participantes. O coordenador deve sentar-se à cabeceira, para liderar. Caso a secretária participe, ficará ao lado esquerdo.

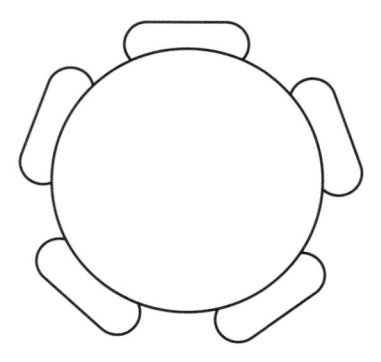

MESA CIRCULAR. Não há lugar estipulado; o coordenador escolhe onde quer sentar-se.

FINALIZAÇÃO

- No final da reunião, verificar tudo o que foi utilizado. Lembrar que a sala é coletiva, portanto haverá sempre uma atividade na sequência e o local deverá estar impecável.
- Desligar todos os equipamentos.
- Pedir ao setor competente a limpeza dessa sala.

PÓS-REUNIÃO

- Preparar a ata da reunião.
- Enviar a ata a todos os participantes.
- Caso haja um plano de ação, elaborá-lo.

ORGANIZAÇÃO DE EVENTOS PROFISSIONAIS

TIPOS DE EVENTO   **129**

AS ETAPAS DA ORGANIZAÇÃO E O *CHECK-LIST*   **137**

CERIMONIAL E PROTOCOLO   **147**

A realização de um evento é uma ferramenta importante para a divulgação de produtos e serviços de uma empresa e também de sua imagem. Ele funciona como uma vitrine, com palestras, debates e exposição, entre outros atrativos.

Eventos mobilizam muitos setores e pessoas. Algumas empresas dispõem de um departamento especializado nessa atividade. Em outras, todos os departamentos estão envolvidos e comprometidos com esse trabalho. O secretariado é demandado nessa tarefa, e essa é a razão de os eventos serem o tema desta parte do livro.

Quem lida com organização de eventos precisa manter-se informado e atualizado, em função das grandes transformações que estão ocorrendo.

Os eventos *on-line*, que já vinham se tornando cada vez mais comuns no meio empresarial, ganharam força com a pandemia de Covid-19. Seja o evento presencial ou virtual, suas bases devem ser conhecidas pelos profissionais envolvidos em sua realização.

TIPOS
DE EVENTO

Na área empresarial, os eventos são realizados, principalmente, para:

- divulgação de produtos ou serviços;
- ampliação do relacionamento com os clientes e contatos;
- *networking* com o público-alvo;
- consolidação da imagem da empresa;
- celebrações e festividades.

Eventos para até 200 pessoas são considerados pequenos. Eventos médios são aqueles para um público de 200 a 500 pessoas. Um grande evento reúne acima de 500 pessoas e já tem impacto nacional e/ou internacional. Por fim, os megaeventos são aqueles com mais de 1.000 pessoas e que geralmente têm visibilidade mundial.

Quem trabalha com eventos precisa ter competências humanas como proatividade, liderança, disciplina, organização e flexibilidade. Entre as competências técnicas necessárias, estão administração da agenda e *follow--up*, comunicação escrita, elaboração de documentos e elaboração de materiais para apresentação visual (*slides* e/ou similares).

O profissional de secretariado, de recepção e de outros setores, ao receber uma solicitação de evento, deve ter em mente alguns itens importantes para elaborar o planejamento.

- **OBJETIVO PRINCIPAL.** As expectativas da empresa, ou seja, aquilo que ela espera obter com a realização de evento.
- **TIPO DO EVENTO.** Este item está ligado ao objetivo do evento (ver quadro a seguir).
- **PÚBLICO-ALVO.** É necessário ter claro o público que participará desse evento.
- **NÚMERO DE PESSOAS.** Para que o objetivo seja atendido, é importante saber o número de pessoas convidadas e confirmadas.
- **LOCAL.** A escolha do local será um ponto relevante para o sucesso do evento.
- **DATA.** Dependendo da escolha da data, o evento poderá ter êxito ou não. Por exemplo, feriados e férias devem ser evitados.

O quadro a seguir, baseado nas informações da autora Marlene Matias, apresenta as principais características de diversos tipos de evento.

TIPO DO EVENTO	CARACTERÍSTICAS
ASSEMBLEIA	Reunião para delegações que representam grupos, estados, países, etc. A função central é debater assuntos de grande interesse. Esse evento tem peculiaridades como: ■ delegações colocadas em lugares preestabelecidos; ■ conclusões apresentadas são votadas em plenário e transformadas em recomendações da assembleia; ■ somente as delegações oficiais têm direito a voto, embora possa haver participantes que serão ouvintes.
BRAINSTORMING	Reunião para estimular a produção de ideias. Na primeira etapa, a criativa, os participantes expõem suas ideias e um membro do grupo fica responsável pelo registro. Na segunda etapa, as ideias coletadas são analisadas. É um evento muito comum na área de publicidade.
BRUNCH	Trazido dos Estados Unidos, consiste em uma "mescla" de café da manhã e almoço. O sucesso está na forma equilibrada de servir doces, salgados, sucos e bebidas alcoólicas leves. A palavra *brunch* vem da junção de *breakfast* (café da manhã) e *lunch* (almoço).
CONFERÊNCIA	Apresentação de um tema explicativo, que pode ser geral, técnico ou científico. Normalmente, tem a participação de uma autoridade em determinado assunto. É uma reunião formal, que exige um presidente de mesa coordenando os trabalhos.

TIPO DO EVENTO	CARACTERÍSTICAS
CONGRESSO	Evento de entidades associativas para debater temas de uma categoria profissional (por exemplo, médicos). Cada equipe de trabalho discute um tema e apresenta sua recomendação à sessão plenária. As recomendações são submetidas à apreciação do plenário, que vota pela aprovação ou não. As conclusões do congresso são encaminhadas às autoridades, como pronunciamento oficial da classe. É elaborado um documento denominado *Anais* do congresso.
CONVENÇÃO	As convenções, quando reúnem pessoas de empresas, são realizadas por setores distintos ou congregam todos os setores da empresa. Já as convenções de vendas reúnem os elementos ligados ao setor (vendedores, revendedores, distribuidores, representantes) para o lançamento de um produto ou a apresentação de um plano de expansão.
COQUETEL	Reunião para determinada comemoração ou um acontecimento em que são oferecidos canapés e bebidas. Tem curta duração (não deve ultrapassar uma hora e meia).
DEBATE	Discussão entre duas ou mais pessoas, em que cada uma defende um ponto de vista. Existe a necessidade de um moderador para a coordenação do debate. Pode ser aberto ao público ou transmitido por veículo de mídia. Na maioria dos casos, a plateia não participa com perguntas.
ENCONTRO	Reunião de pessoas de um determinado grupo para discutir sobre temas antagônicos (ou seja, contrários), apresentados por representantes de grupos participantes. Necessita de um coordenador para sintetizar e apresentar as conclusões dos grupos.
EXPOSIÇÃO	Exibição pública de produção artística, industrial, técnica, comercial ou científica. Pode haver ou não objetivo de venda dos produtos expostos.
FEIRA	Exibição pública formada por estandes em que se colocam produtos e serviços. • Feiras comerciais: têm a finalidade de promoção e venda. Os expositores, fabricantes ou distribuidores de produtos acabados mostram suas ofertas aos compradores e ao público em geral. • Feiras industriais: reúnem provedores da indústria, e a comercialização dos produtos não é feita ao público em geral. • Feiras promocionais: dirigidas a um grupo específico ou profissional, expõem serviços e produtos relacionados à profissão do grupo.

(cont.)

TIPO DO EVENTO	CARACTERÍSTICAS
MESA-REDONDA	Reunião formada por um grupo de quatro a oito pessoas, sentadas em semicírculo, que debatem sobre um assunto controverso e de interesse público. Um moderador coordena os trabalhos, e o plenário pode ou não participar com perguntas.
MOSTRA	Exposição itinerante.
OFICINA	Evento semelhante ao *workshop*, é mais utilizado pelo setor educacional porque proporciona a construção do conhecimento, enquanto o *workshop* destina-se à área empresarial.
PAINEL	Reunião derivada de mesa-redonda que tem como objetivo reproduzir as informações de um pequeno grupo para um grande grupo assistente. A estrutura do painel é formada por um orador e quatro painelistas sob a coordenação de um moderador. O painel pode apresentar um tema com vários subtemas. Neste tipo de evento, pode ocorrer um debate entre os expositores.
PALESTRA	Menos formal que a conferência, caracteriza-se pela apresentação de um tema predeterminado a um grupo pequeno, que já possui noções sobre o assunto. É coordenada por um moderador e permite a intervenção dos participantes durante a exposição.
RODADA DE NEGÓCIOS	Visa aproximar empresas para realizarem parcerias de negócios.
RODA ECONÔMICA	Reunião que tem por objetivo aproximar empresas para realizar parcerias e negociar seus produtos/serviços ou concluir um entendimento político-econômico.
SALÃO	Evento destinado a divulgar produtos, para criar uma imagem positiva da empresa promotora. Não possui finalidades comerciais imediatas.
SEMINÁRIO	Exposição verbal feita para pessoas que possuem conhecimento prévio do assunto que será exposto. Na primeira fase, a de exposição, alguém previamente escalado realiza uma pesquisa e apresenta para o grupo. Na segunda fase, a de discussão, o assunto é debatido. Na terceira, a de conclusão, o coordenador, centralizando as principais opiniões, propõe as recomendações finais do seminário à aprovação do grupo.
VERNISSAGE	Evento de abertura de uma exposição de arte.

TIPO DO EVENTO	CARACTERÍSTICAS
VISITA OU OPEN DAY	Reunião usada pelos meios empresariais para expor os sistemas, métodos, equipamentos e materiais para determinado público. É importante ter um planejamento que contemple recepção, demonstração, brindes e *releases* de acordo com as características dos convidados.
WORKSHOP	Encontro em que há uma parte expositiva, seguida de demonstração de determinado produto ou uma técnica.

EVENTO *ON-LINE*

Os eventos *on-line* acontecem no ambiente digital, podendo ser transmitidos via *streaming* em redes sociais ou em uma plataforma especializada.

O *streaming* consiste na ferramenta que distribui filmes, séries e documentários por meio da rede de internet, sem a necessidade de baixar ou armazenar arquivos no computador. Pode ser acessado de qualquer dispositivo conectado. A banda larga precisa ser suficiente para receber os dados e não travar a reprodução.

Os eventos virtuais ganharam importância com as transformações trazidas pela pandemia de Covid-19. Mas, independentemente dos aspectos sanitários, as vantagens da realização de eventos nesse formato já vinham chamando a atenção.

- **ALCANÇAR UM NÚMERO MAIOR DE PÚBLICO.** Um evento *on-line* pode alcançar proporções muito grandes na internet, pois possibilita a participação de qualquer pessoa de qualquer lugar do mundo. Dependendo do canal utilizado para transmitir o evento, o número de participantes pode aumentar consideravelmente de forma espontânea. Com divulgação em redes atrativas, é possível atingir um público bastante expressivo.
- **BAIXO CUSTO DE INVESTIMENTO.** Custos de aluguel, de contratação de equipamentos de som e iluminação e de capital humano podem ser

minimizados de forma significativa. É importante lembrar que o meio digital disponibiliza muitas ferramentas gratuitas para a realização de *lives*, entre eles Facebook, Youtube e Instagram.

- **PRATICIDADE E FLEXIBILIDADE.** O público que vai prestigiar um evento *on-line* tem a opção de acompanhar o conteúdo de qualquer aparelho eletrônico conectado à internet.

Embora o evento virtual seja diferente do presencial, tem alguns aspectos muito parecidos. Assim como no evento presencial, no *on-line* é necessário haver um *check-list* para que não se perca nenhuma etapa do planejamento. Isso quer dizer que nos dois tipos de evento (presencial e virtual) é possível utilizar a ferramenta PDCA (ver página 137).

ESCOLHA DE TEMA

É válido analisar se o tema do evento *on-line* é relevante para o público convidado. Deve ser mostrado para o público de que forma aquele conteúdo contribuirá para a sua vida, pessoal ou profissional. O palestrante a ser convidado deve ser renomado, e é muito importante conhecer a atuação dele em outros eventos do mesmo formato. Para haver êxito, é necessário que o público-alvo perceba que o profissional é autoridade no assunto.

DEFINIÇÃO DE DATA E HORÁRIO

Na escolha desses itens, é primordial pensar no perfil do público. São pessoas que possuem muitos compromissos? Qual a faixa etária? Estudantes? Trabalham em horário comercial? É importante definir esses detalhes previamente, para que haja uma melhor divulgação do evento digital nas redes sociais, em *sites* ou em anúncios nos canais estratégicos.

ESCOLHA DA PLATAFORMA PARA TRANSMISSÃO *STREAMING*

Embora não haja dificuldade em encontrar plataformas para a transmissão, é indispensável atentar para alguns detalhes.

Prefira plataformas autogerenciáveis, que customizam a página do evento com facilidade e com a marca da contratante. É fundamental escolher uma plataforma que ofereça administração das inscrições, *check-in* e controle da entrada dos participantes. Algumas empresas preferem fazer listas de presença, avaliação de satisfação e certificados.

Verifique a capacidade de usuários na sala do evento e se a plataforma permite aumentar esse item. É importante apurar se existem burocracias para essa alteração. Além disso, escolha uma plataforma que seja compatível com as configurações dos seus equipamentos e a banda de internet. Nesse caso, o ideal é uma banda que funcione sem travar vídeos e *games*. Recomenda-se um mínimo de 20 MB.

AMBIENTAÇÃO

Além de uma excelente banda larga, são necessários equipamentos de filmagem, como uma boa câmera, microfone e iluminação adequada.

Os detalhes na montagem dos cenários também são de suma importância. É possível escolher um ambiente adequado para transmitir seu evento ou optar por fundos virtuais.

DURAÇÃO DO EVENTO

É necessário entender a diferença entre *live*, que é um bate-papo mais descontraído, com duração média de uma hora, e um evento, que é algo mais longo, completo e com mais detalhes.

O evento virtual pode ter duração semelhante à de um evento presencial, desde que tenha a aprovação da plataforma escolhida e haja a disponibilidade do público-alvo.

Os eventos mais longos devem ter pausas, para que o público possa descansar e processar as informações recebidas até aquele momento. É importante haver atividades lúdicas, mesmo a distância – por exemplo, usar música e trechos de filmes; fazer perguntas interessantes ao público. A criatividade constitui um fator fundamental para entreter e descontrair os participantes.

O mestre de cerimônias é imprescindível, mesmo em eventos *on-line*. Ele fará as apresentações dos palestrantes e da equipe, participará da triagem de perguntas nos momentos determinados e, caso necessário, fará os agradecimentos aos patrocinadores e apoiadores do evento.

IMPREVISTOS

Um dado importante é saber trabalhar com imprevistos, pois eventos *on-line* envolvem fatores que fogem do controle e do planejamento – por exemplo, queda de energia, oscilação do sinal de internet em um dia de muita chuva, etc. Nesses casos, é preciso ter flexibilidade, paciência e profissionalismo para lidar com esses problemas. Algumas plataformas ainda não têm suporte para os imprevistos, pois estamos falando de um assunto que pode ser considerado recente.

É importante testar a transmissão antes do início do evento. Muitas vezes, a empresa está com tudo estruturado, mas, durante o evento, alguns participantes ficam sem acesso e com problemas de internet. A organizadora deve gravar o evento para atender às pessoas que tiverem problemas durante a transmissão. Uma outra medida seria ter todos os itens sobre os imprevistos firmados em um contrato, para evitar problemas posteriores com os participantes.

BRINDES

Nos eventos virtuais, a empresa pode sortear livros e brindes em geral. Caso sejam físicos, deve enviá-los ao(s) ganhador(es) por correio, portador ou empresas de entrega e considerar que tudo isso envolve custos.

AS ETAPAS DA ORGANIZAÇÃO E O *CHECK-LIST*

Um evento é formado de várias etapas importantes para o resultado. Para que o planejado seja cumprido com precisão, é muito útil usar o *check-list*, ou seja, a lista de verificações.

Para introduzir o assunto *check-list*, é necessário antes falar sobre o PDCA. Essa sigla vem das palavras *plan* (planejar), *do* (fazer), *check* (checar) e *act* (agir). O PDCA é uma ferramenta de gestão com foco em melhoria de processos, composta pelas seguintes etapas:

- reconhecer o problema;
- definir metas a serem atingidas;
- analisar o problema;
- verificar o processo;
- desenvolver o plano de ação.

O PDCA pode ser adaptado para inúmeras atividades profissionais e pessoais, inclusive na organização de eventos. O *check-list* a seguir foi adaptado dos autores Baptista e Goll e apresenta itens importantes em qualquer planejamento de evento.

PRÉ-EVENTO OU PLANEJAMENTO

É o P do PDCA; *plan* (planejar).

ELABORAÇÃO DO PROJETO

Reúne os elementos essenciais para pensar a organização do evento.

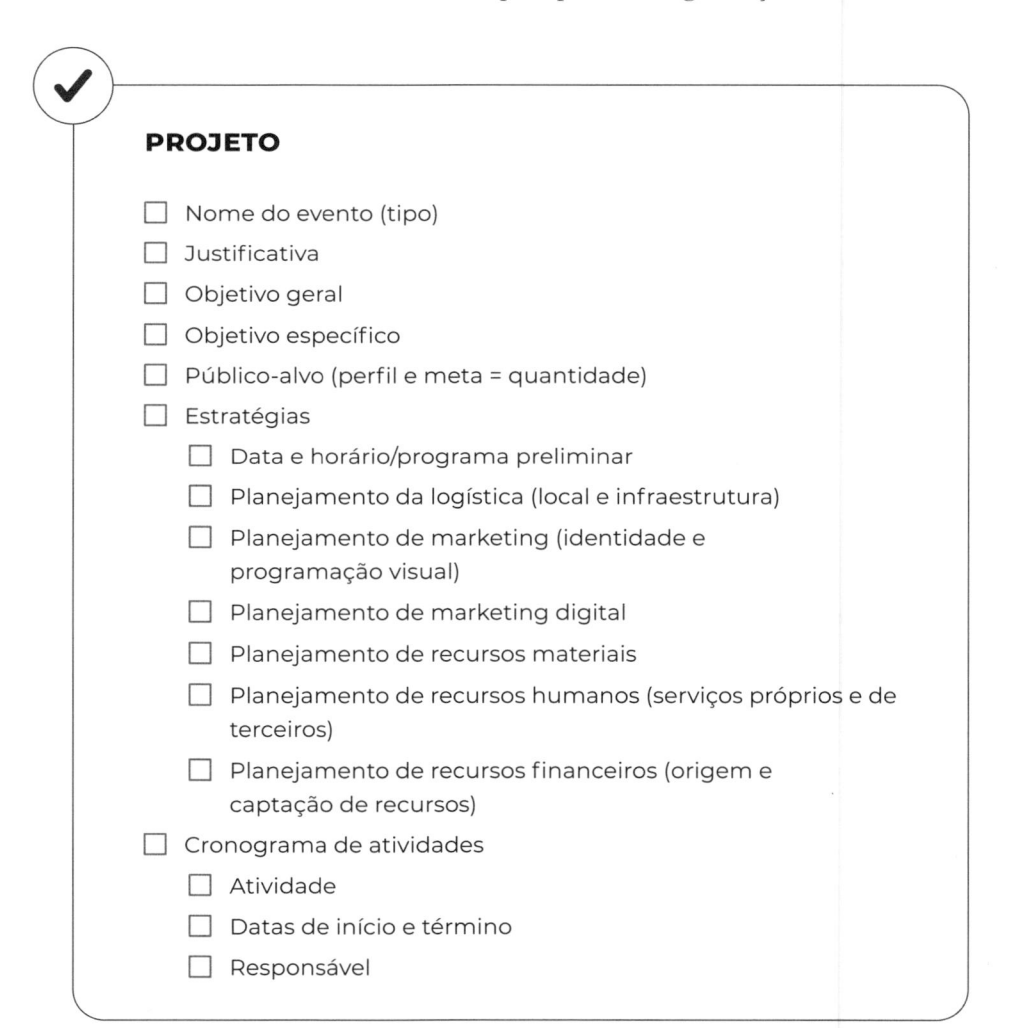

PROJETO

- [ ] Nome do evento (tipo)
- [ ] Justificativa
- [ ] Objetivo geral
- [ ] Objetivo específico
- [ ] Público-alvo (perfil e meta = quantidade)
- [ ] Estratégias
    - [ ] Data e horário/programa preliminar
    - [ ] Planejamento da logística (local e infraestrutura)
    - [ ] Planejamento de marketing (identidade e programação visual)
    - [ ] Planejamento de marketing digital
    - [ ] Planejamento de recursos materiais
    - [ ] Planejamento de recursos humanos (serviços próprios e de terceiros)
    - [ ] Planejamento de recursos financeiros (origem e captação de recursos)
- [ ] Cronograma de atividades
    - [ ] Atividade
    - [ ] Datas de início e término
    - [ ] Responsável

ORGANIZAÇÃO

A organização engloba as atividades que correspondem ao D do PDCA; *do* (fazer).

1. PESQUISA E VISITAS A ESPAÇOS DE EVENTOS

Esta etapa consiste em verificar a infraestrutura de espaços que poderão abrigar o evento.

ESPAÇOS DE EVENTOS

- ☐ Localização (acesso)
- ☐ Estacionamento (capacidade e acesso)
- ☐ Salas para o evento
- ☐ Salas de apoio (sala VIP e imprensa, controle de som, balcão de informações, secretaria, informações turísticas, pessoas com deficiência)
- ☐ Espaços para atividades simultâneas
- ☐ Local para montagem de *coffee break*/almoço/jantar/coquetel
- ☐ Estrutura de apoio aos serviços de alimentos e bebidas
- ☐ Segurança
- ☐ Circulação interna (fluxo de pessoas)
- ☐ Toaletes
- ☐ Espaço e estrutura para alimentação
- ☐ Salas de apoio
- ☐ Pontos de luz/pontos de água/pontos de internet
- ☐ Iluminação
- ☐ Ar-condicionado/ventiladores
- ☐ Bebedouros
- ☐ Acústica

2. LEVANTAMENTO DE CUSTOS DE INFRAESTRUTURA

É necessário elaborar uma planilha com todos os custos do evento.

3. DESENVOLVIMENTO DO PLANO DE MARKETING

Esta etapa consiste em relacionar os itens de marketing que serão importantes para a imagem e o sucesso do evento.

PLANO DE MARKETING

- [ ] Identidade visual do evento (logotipo e *slogan*)
- [ ] Produção de materiais
    - [ ] *E-mails* padronizados
    - [ ] Programa preliminar
    - [ ] Fichas de inscrição
    - [ ] Plataforma para as inscrições (por exemplo, Sympla)
    - [ ] Mapa de localização/acesso
    - [ ] Recibos digitais (confecção e envio)
    - [ ] Crachás
    - [ ] Pastas
    - [ ] Blocos de anotações
    - [ ] Canetas
    - [ ] Prismas para mesas
    - [ ] Certificados de participação digitais ou impressos
    - [ ] Avaliação digital (pode ser preenchida pós-evento)
- [ ] Produção de peças publicitárias
    - [ ] Fôlder digital
    - [ ] Convite digital
    - [ ] Anúncios para inserção em rádio/TV/internet
    - [ ] Divulgação nas redes sociais
    - [ ] *Homepage* do evento

- [ ] Brindes personalizados
- [ ] Produção de material para imprensa
  - [ ] *Release*
  - [ ] Fotos
  - [ ] Vídeos
- [ ] Elaboração de *e-mails* ou outro formato de comunicação
  - [ ] Autoridades
  - [ ] Palestrantes/convidados
  - [ ] Órgãos públicos envolvidos
  - [ ] Prestadores de serviços essenciais
  - [ ] Parceiros/entidades e empresas apoiadoras
- [ ] Levantamento de custos de todos os itens (planilha dos custos do evento)

4. DEFINIÇÃO DE RECURSOS MATERIAIS

Esta etapa consiste em listar e preparar os itens materiais fundamentais para que o evento aconteça.

RECURSOS MATERIAIS

- [ ] Equipamentos para sinalização externa
  - [ ] Local do evento
  - [ ] Hotéis
  - [ ] Aeroportos
- [ ] Equipamentos para sinalização interna
  - [ ] Painéis indicativos
  - [ ] *Banners*/faixas (e suportes) para identificação de expositores
  - [ ] Toaletes

(*cont.*)

- [ ] Salas de apoio
- [ ] *Coffee break*
- [ ] Saídas de emergência
- [ ] Equipamentos/materiais para a secretaria do evento/informações
    - [ ] Mesa para recepção
    - [ ] Sistema de identificação dos participantes
    - [ ] Material a ser entregue aos participantes (exemplo de *kit*: pasta, bloco, caneta, brinde e sacola)
    - [ ] Computadores
    - [ ] Impressora e cartuchos
    - [ ] Copiadora e papel para impressão
    - [ ] Grampeador/furador/tesoura/estilete
    - [ ] Fita adesiva dupla face/fita crepe
    - [ ] Clipes/cola/elásticos
    - [ ] Crachás/cristais para crachás ou fio de náilon/etiquetas
    - [ ] Celular do evento
    - [ ] Canetas/lápis
    - [ ] Equipamentos/materiais para o cerimonial
    - [ ] Mesa para a recepção dos convidados
    - [ ] Lista dos convidados (impressas ou em arquivos digitais)
    - [ ] Lista de confirmações (impressas ou em arquivos digitais)
    - [ ] Prismas para as mesas
    - [ ] Cartões para reserva de lugares especiais
    - [ ] Cartões de citação
    - [ ] Mesa diretora/principal
    - [ ] Púlpito ou tribuna
    - [ ] Bandeiras e suporte
    - [ ] Hino nacional (letra e música)

- [ ] Equipamentos para a sala do evento
    - [ ] Mesa diretora
    - [ ] Cadeiras
    - [ ] Toalhas
    - [ ] Mesas de apoio
    - [ ] Quadro branco (e pincéis próprios)
    - [ ] *Flip chart* (folhas e pincéis atômicos)
    - [ ] Tablado/praticável/palco/passarela
    - [ ] Cestos de lixo
- [ ] Equipamentos para projeção
    - [ ] Projetor multimídia (*datashow*)
    - [ ] Computador/*notebook*
    - [ ] Telões
- [ ] Equipamentos para sonorização
    - [ ] Microfones (fixos, de lapela, sem fio, etc.)
    - [ ] Filmadoras
    - [ ] Caixas acústicas e amplificadores
    - [ ] Mesas de som
- [ ] Equipamentos/materiais para alimentação (esse serviço pode ser executado por um *buffet*)
    - [ ] Decoração
    - [ ] Música ambiente
    - [ ] Mesas
    - [ ] Cadeiras
    - [ ] Toalhas
    - [ ] Aparadores
    - [ ] Serviço de café/água
    - [ ] Pratos/talheres/copos/guardanapos
- [ ] Levantamento de custos de todos os itens (planilha dos custos do evento)

5. DEFINIÇÃO DE RECURSOS HUMANOS

Esta etapa consiste na seleção e na contratação de empresas especializadas em eventos.

RECURSOS HUMANOS

- [ ] Serviços próprios
  - [ ] Comissão executiva
  - [ ] Comissão de logística
  - [ ] Comissão de divulgação
  - [ ] Comissão de apoio secretarial
  - [ ] Comissão de finanças
- [ ] Serviços de terceiros
  - [ ] Recepcionistas (participantes, convidados, VIP, salas, etc.)
  - [ ] Mestre de cerimônias
  - [ ] Segurança
  - [ ] *Buffet*
  - [ ] Decoração (flores e outros itens)
  - [ ] Fotos e filmagem
  - [ ] Tradução simultânea
  - [ ] Atendimento médico (pronto atendimento)
  - [ ] Traslado
  - [ ] Operação de som/luz/imagem
  - [ ] Som ambiente
  - [ ] Música ao vivo
  - [ ] Seguro
  - [ ] Receptivo turístico
  - [ ] Limpeza
  - [ ] Manutenção
  - [ ] Manobristas
  - [ ] Montagem de estandes
  - [ ] Serviço de geração de energia
- [ ] Levantamento de custos de todos os itens (planilha dos custos do evento)

6. DESENVOLVIMENTO DO PLANO FINANCEIRO

Esta etapa consiste na elaboração de uma planilha de ativo (valores que entrarão no caixa por meio do recebimento das inscrições) e passivo (valores que sairão do caixa para pagar fornecedores). Qualquer evento (pequeno, médio e grande porte) necessita desse item.

PLANO FINANCEIRO

- ☐ Definição da origem de recursos
    - ☐ Patrocinadores
    - ☐ Apoiadores
    - ☐ Inscrições
    - ☐ Venda de estandes (espaços)
    - ☐ *Merchandising*
- ☐ Definição de plano para captação de recursos
    - ☐ Divisão de cotas, valores e respectivas reciprocidades
    - ☐ Seleção e identificação de apoiadores
    - ☐ Seleção e identificação de patrocinadores potenciais
- ☐ Elaboração de mapa econômico-financeiro
    - ☐ Despesas fixas
    - ☐ Despesas variáveis
    - ☐ Receitas
    - ☐ Demonstrativo de resultados

CHECAGEM DA ORGANIZAÇÃO

Esta etapa corresponde ao C do PDCA; *check* (checar).

✓

CHECAGEM DA ORGANIZAÇÃO

- ☐ Acompanhar todas as providências junto às respectivas comissões responsáveis
- ☐ Verificar o cumprimento de todas as condições negociadas com as empresas prestadoras de serviços e com os profissionais autônomos contratados
- ☐ Acompanhar e, se necessário, readequar o mapa econômico-financeiro (com base nas planilhas)
- ☐ Acompanhar efetivamente a realização do evento (começo, meio e fim)
- ☐ Realizar entrega/recebimento de formulário de avaliação dos participantes (*on-line*)

AÇÕES CORRETIVAS

Esta etapa representa o A do PDCA; *act* (agir).

✓

AÇÕES CORRETIVAS

- ☐ Tabulação das avaliações *on-line*
- ☐ Prestação de contas (financeiro)
- ☐ Mensagens de agradecimento aos participantes
- ☐ Agradecimento aos palestrantes/convidados com a respectiva avaliação
- ☐ Edição de vídeo
- ☐ Álbum de fotos – divulgar no *site* do evento
- ☐ Impressão de *Anais*
- ☐ Elaboração de relatório final sobre o evento
- ☐ Montagem de pasta digital e física sobre o evento (com a documentação de todas as fases e os modelos das peças publicitárias)

CERIMONIAL E PROTOCOLO

Gilda Fleury Meirelles, em seu livro *Protocolo e cerimonial*, afirma que a construção do relacionamento entre órgãos governamentais, empresariais e sociais está fundamentada nos conceitos da cidadania e da sociabilidade, estimuladas pela integração da informação.

Aí entram o protocolo e o cerimonial. O protocolo é o conjunto de formalidades, normas e regras estabelecidas que devem ser respeitadas em certas situações e cerimônias, principalmente as oficiais. O cerimonial consiste na aplicação prática do protocolo em determinada solenidade.

MESTRE DE CERIMÔNIAS OU CERIMONIALISTA?

É importante elucidar uma dúvida que sempre aparece durante os eventos: a diferença entre cerimonialista e mestre de cerimônias.

O cerimonialista tem o papel fundamental da organização. Ele organiza e coordena todos os detalhes que envolvem a cerimônia, podendo fazer o cerimonial em conjunto com o mestre de cerimônias (que é o apresentador, o orador do evento).

Para atuar como mestre de cerimônias é essencial ser uma pessoa desinibida, com bom senso e excelente apresentação, discreta, atenta ao roteiro estabelecido, segura, com boa voz, não importando o gênero. Sua presença é fundamental para o sucesso da solenidade. Esse profissional deve ter uma excelente dicção e precisa tomar cuidado com nomes e sobrenomes das autoridades e de convidados do evento. Chamar o palestrante ou o presidente da cerimônia pelo nome incorreto seria uma grande gafe.

O papel do mestre de cerimônias é interferir o mínimo possível no evento. Não deve cumprimentar o público, mas precisa estar atento ao roteiro e à sua narração. Esse profissional não abre a cerimônia, tampouco passa a palavra. Quem passa a palavra é a autoridade que preside o evento.

COMPOSIÇÃO DA MESA DIRETIVA

A mesa diretiva consiste na reunião de personalidades que coordenarão um evento ou serão homenageadas durante sua realização. Normalmente, essas pessoas são convidadas e orientadas sobre a forma de apresentação e o discurso.

O protocolo para a distribuição das pessoas na mesa é mostrado nas figuras a seguir, que retratam duas situações: número ímpar e número par de pessoas.

COMPOSIÇÃO DE MESA DIRETIVA COM NÚMERO ÍMPAR DE PESSOAS.
(1) Presidente do ato: centro da mesa.
(2) 2ª maior autoridade: à direita do número 1.
(3) Anfitrião: à esquerda (quando não for o presidente).
(4) 3ª autoridade: à direita.
(5) 4ª autoridade: à esquerda.

COMPOSIÇÃO DE MESA DIRETIVA COM NÚMERO PAR DE PESSOAS.
(1) Presidente (não há centro).
(2) Anfitrião (quando não for o presidente): à esquerda.
(3) 2ª maior autoridade: à direita.
(4) 3ª maior autoridade: à esquerda.
(5) 4ª maior autoridade: à direita.
(6) 5ª maior autoridade: à esquerda.

DISCURSO

O discurso é um elemento presente nas solenidades que contam com cerimonial. Geralmente, duas ou três pessoas falam, mas tudo dependerá do organizador da cerimônia. Existem eventos nos quais todas as pessoas que compõem a mesa utilizam-se da palavra. A ordem dos discursos é sempre da figura menos importante para a mais importante.

No caso de haver uma autoridade no evento, o presidente da mesa passa a palavra a essa pessoa.

REPRESENTAÇÃO

A representação em solenidades oficiais é regulamenta por lei, e cabe ao cerimonialista ficar atento ao assunto.

Nos almoços e jantares oficiais, nenhum convidado poderá fazer-se representar. Se o presidente da República estiver presente à cerimônia, não haverá representação, podendo ele, entretanto, se fazer representar em qualquer tipo de evento. O lugar que compete ao seu representante é à direita do anfitrião ou da autoridade que presidir a solenidade, excetuando-se o vice-presidente da República, que ocupará o lugar do presidente da República.

Os representantes dos demais poderes (legislativo e judiciário) ocuparão a posição que corresponde aos titulares.

Esse procedimento é estendido aos governadores de estado e e aos prefeitos municipais, devendo seus representantes, com exceção dos vice-governadores e dos vice-prefeitos, ocupar o lugar ao lado direito do anfitrião.

No caso de representantes, é necessário observar a sua equivalência ao cargo e a função que ocupa o representado:

- pró-reitores e diretores de *campus* ou faculdade representam o reitor;
- diretores ou coordenadores de curso representam o diretor geral da faculdade;
- diretores representam o presidente de uma organização.

Caso o representante não esteja no mesmo nível hierárquico do representado, perderá a precedência, ocupando lugar nas primeiras fileiras do plenário, sendo somente mencionado na relação de agradecimentos.

Para formalizar a representação, é necessário que a designação se faça por meio de ofício, carta ou memorando (termo de representação) definindo se o representante poderá ou não se pronunciar em nome do representado. É imprescindível lembrar que alguns convites trazem no texto o aviso "pessoal e intransferível". Nesse caso, o convidado não poderá enviar um representante.

SÍMBOLOS NACIONAIS

Os símbolos nacionais (hino nacional, bandeira nacional, armas nacionais, selo nacional) representam os valores e o espírito cívico do povo brasileiro, devendo ser observados os padrões próprios de cada um quando de suas representações.

- **SELO NACIONAL.** É utilizado para autenticar os atos do governo e os diplomas e certificados expedidos pelos estabelecimentos de ensino oficiais e reconhecidos. Por exemplo, diplomas, certidões.
- **ARMAS NACIONAIS.** Uso obrigatório nas sedes dos governos federal, estadual e municipal, em escolas públicas, em quartéis, nas casas do Congresso Nacional, em repartições públicas federais, nos papéis de expediente, nos convites e nas publicações oficiais de nível federal.
- **HINO NACIONAL.** A execução do hino nacional é facultativa (opcional) na abertura de sessões cívicas e de cerimônias religiosas às quais se associe sentido patriótico; no início ou no encerramento de transmissões de rádio e TV; em ocasiões festivas de sentido patriótico; em cerimônias oficiais seguindo regras estritas.
- **BANDEIRA NACIONAL.** Sua confecção e suas dimensões obedecem à determinação da lei, assim como seu descarte. Pode ser usada em todas as manifestações do sentimento patriótico, de caráter oficial ou particular.

MAIS SOBRE O HINO NACIONAL

A execução do hino nacional terá início depois que as autoridades ocuparem os lugares a elas destinados. Durante a execução, todos devem tomar atitude de respeito, em pé e em silêncio. Os civis devem estar com a cabeça descoberta, e os militares, em continência. Não se admite outra forma de saudação, como palmas, assovios, etc.

O hino estrangeiro, por cortesia, deve preceder o hino nacional.

MAIS SOBRE A BANDEIRA NACIONAL

Em território nacional, a bandeira brasileira deve ocupar lugar de honra em todas as apresentações. Sua posição deverá ser:

- central ou a mais próxima do centro e à direita deste, quando com outras bandeiras;

- destacada à frente de outras bandeiras, quando conduzida em formação ou desfiles;
- à direita de tribunas, púlpitos, mesas de reunião ou de trabalho. Considera-se "direita" de um dispositivo de bandeiras a direita de uma pessoa colocada junto a ele e voltada para a rua, para a plateia ou, de modo geral, para o público que observa o dispositivo.

Quando distendida sem mastro, a bandeira nacional não pode estar escondida, mesmo que parcialmente, por pessoas sentadas em suas imediações.

OUTRAS OBSERVAÇÕES SOBRE BANDEIRAS

- O Brasil é uma República Federativa, logo as bandeiras dos estados têm quase o mesmo peso da nacional. Em território brasileiro, as bandeiras estaduais devem sempre seguir a nacional. Só depois seguem as demais.

- A precedência entre as bandeiras estaduais é definida pela data da criação do estado: Bahia, Rio de Janeiro, Maranhão, Pará, Pernambuco, São Paulo, Minas Gerais, Goiás, Mato Grosso, Rio Grande do Sul, Ceará, Paraíba, Espírito Santo, Piauí, Rio Grande do Norte, Santa Catarina, Alagoas, Sergipe, Amazonas, Paraná, Acre, Mato Grosso do Sul, Rondônia, Tocantins, Roraima, Amapá e Distrito Federal.

- É necessário verificar o número de bandeiras que participarão do dispositivo, inclusive a nacional:
  ▶ se o número de bandeiras for par, a de prioridade 1 ficará à esquerda da nacional; a de prioridade 2, à direita, alternando-se as demais à esquerda e à direita;
  ▶ se o número de bandeiras for ímpar, a de prioridade 1 ficará à direita da nacional; a de prioridade 2, à esquerda, alternando-se as demais à direita e à esquerda.

- A bandeira estrangeira só poderá ser hasteada isoladamente na embaixada e/ou no consulado do respectivo país.

ATRASO DAS AUTORIDADES

Imprevistos e incidentes ocorrem, e é importante saber administrar esse tipo de problema.

Nos eventos estilo plenário, se o atraso ocorrer com uma autoridade do primeiro escalão, o evento não terá início. O anfitrião e os convidados aguardarão sua chegada.

O protocolo recomenda que, se o atraso for de um dos integrantes da mesa diretiva ou de uma personalidade, a solenidade deverá ter início no horário agendado, após espera de, no máximo, trinta minutos. Se o retardatário chegar após o início da cerimônia, comporá a mesa nas extremidades, e não naquela posição que lhe corresponderia. Caso o evento já esteja próximo ao término, o retardatário poderá ou não ser chamado, mas ocupará as primeiras fileiras do plenário.

Em ambos os casos, a organização do evento deve oferecer entretenimento aos participantes, para que se reduza a expectativa em relação ao atraso (vídeos, músicas, etc.).

CAPÍTULO EXTRA – GESTÃO DE CARREIRA

No passado, o profissional da área de atendimento não tinha a visibilidade que tem hoje. Atualmente, esse setor possui maior destaque nas empresas, visto que atua diretamente com o cliente e para o cliente.

Quanto mais atendentes capacitados, maiores serão os resultados positivos nos negócios da empresa. Os melhores profissionais de atendimento são aqueles com competências técnicas e humanas bem desenvolvidas.

O consumidor está cada vez mais crítico e exigente, e compete aos profissionais acompanharem essa evolução. É preciso estar conectado e atento a tudo o que está acontecendo nessa área.

É importante conhecer um pouco sobre gestão de carreira.

O QUE É

A gestão de carreira considera o planejamento e a execução consciente da progressão do trabalho de um indivíduo ao longo dos anos.

Gostar de fazer alguma coisa não faz com que alguém seja bem-sucedido em um trabalho. É preciso se empenhar e demonstrar talento em tudo o que faz.

A gestão de carreira envolve todas as decisões que tenham relação com as atividades profissionais de uma pessoa. O planejamento é feito e seguido continuamente por toda a vida. É um processo constante, pois envolve certa imprevisibilidade.

É válido observar que o profissional pode estabelecer determinados objetivos e metas durante a sua trajetória e que mudar de ideia faz parte desse processo. As transições podem ocorrer por vontade própria ou por imposição de alguma empresa.

O importante é manter-se atualizado sobre temas como mercado de trabalho, mudanças e escolhas para o desenvolvimento profissional. É indicado tomar decisões baseadas em análise e estudo sobre o assunto.

No passado, os profissionais não administravam suas carreiras, porque isso ficava a cargo da empresa em que essa pessoa trabalhava. Tudo era previsível, visto que o funcionário sabia o tempo que levava para obter uma promoção, a qual ocorria por meio de uma avaliação de desempenho.

O profissional precisa ser protagonista da sua própria carreira. É necessário estar satisfeito para produzir com mais qualidade em todos os sentidos. Ressalta-se que o trabalhador tem pleno controle sobre a sua carreira.

PRINCIPAIS TIPOS DE CARREIRAS

- **TRADICIONAL.** Carreira que era comum nas gerações anteriores. No passado, as pessoas ficavam muitos anos na mesma empresa. Alguns funcionários entravam muito jovens e saíam quando se aposentavam. Eles construíam uma carreira dentro da corporação e dificilmente a deixavam por decisão própria.
- **MULTIDIRECIONAL.** Corresponde ao profissional capaz de atingir ou abranger múltiplas direções. Para realizar uma carreira multidirecional, é necessário possuir dinamismo, ser flexível e investir em mudanças.

- **EMPREENDEDORA.** Corresponde ao profissional que opta por empreender sempre. Prefere criar seu próprio negócio em vez de trabalhar como funcionário de alguma empresa. Ele tem boa capacidade de organização, flexibilidade, excelente comunicação interpessoal e liderança.
- **SOCIOPOLÍTICA.** Essa carreira corresponde ao profissional que tem capacidade de se relacionar, de interagir e de mobilizar pessoas. Quem tem esse perfil pode atuar no setor público, ser um prestador de serviços ou ser empreendedor em diversas áreas.

Permeando esses diferentes tipos de carreira, podemos incluir a docência, a arte de ensinar. Depende muito do local para desenvolver essa atividade. Por exemplo, lecionar em uma faculdade se alinha com uma carreira de perfil sociopolítico. Já uma pessoa que tem sua própria consultoria, que ministra cursos e palestras em alguns segmentos de mercado, se encaixa nas carreiras empreendedora e multidirecional.

Independentemente da carreira, é importante para o profissional se dedicar ao aprendizado contínuo e desenvolver a multidisciplinaridade, atuando de forma colaborativa. Essas qualidades são cada vez mais valorizadas no mercado de trabalho.

COMO FAZER UMA GESTÃO ESTRATÉGICA DA CARREIRA?

O caminho deve ser iniciado pelo autoconhecimento, sempre. Para trabalhar o autoconhecimento é necessário conhecer os pontos fortes; aquilo que você tem certeza de saber fazer. Também é preciso conhecer os pontos a serem melhorados. O profissional deve pensar: "O que posso agregar ao meu trabalho?" e "Como posso desenvolver algumas competências?".

A ANALOGIA COM OS 4 Ps DO MARKETING

Produto, preço, praça e promoção. Os 4 Ps são conceitos amplamente conhecidos nos estudos que envolvem marketing. É possível fazer uma analogia de cada um deles no processo de autoconhecimento necessário para a gestão de carreira.

OS 4 Ps DO MARKETING NA GESTÃO DE CARREIRA

PRODUTO	Corresponderia ao conjunto das características pessoais e profissionais.	<ul><li>Formação acadêmica: qual curso você fez ou faz? É interessante para a área na qual pleiteia trabalho?</li><li>Quais são as suas competências técnicas? Atendimento telefônico, atendimento pessoal, redação, etc.</li><li>Possui competências diferenciadas?</li><li>Inteligência emocional: é uma pessoa controlada? Pensa antes de falar?</li></ul>
PREÇO	Corresponderia à valorização do profissional.	<ul><li>Você se autovaloriza?</li><li>O seu valor é medido pelas suas competências, pelas experiências, pela formação, etc.?</li></ul>
PRAÇA	Corresponderia a experiências em alguns ramos de negócio.	<ul><li>Em qual tipo de empresa trabalhou?</li><li>Para qual área tem maiores experiência e aptidão?</li><li>Quais foram suas contribuições nas empresas em que trabalhou (projetos desenvolvidos, resultados alcançados, etc.)?</li></ul>
PROMOÇÃO	Corresponderia a todas as atividades que o profissional desenvolve para ser conhecido dentro e fora da empresa.	<ul><li>De quais encontros profissionais e eventos participou?</li><li>Como avalia o seu endomarketing (ações voltadas para o público interno)?</li><li>Como avalia o seu *networking* (rede de contatos)?</li></ul>

FOCO, DISCIPLINA E ORGANIZAÇÃO

- **FOCO NO DESENVOLVIMENTO PROFISSIONAL.** É necessário que o profissional coloque foco em tudo o que faz. Não fuja da atenção diária nos passos que devem ser seguidos.
- **DISCIPLINA PARA CUMPRIR O PLANEJAMENTO.** A disciplina é fundamental para que o planejado seja cumprido. Se não colocar metas, regras, horários, não conseguirá atingir o objetivo desejado.
- **ORGANIZAÇÃO DO QUE FOI PLANEJADO.** A organização fará toda a diferença. Tudo deve ter começo, meio e fim. Não é aconselhável pular etapas.

ANÁLISE SWOT

A sigla SWOT, em inglês, significa *strengths* (forças), *weaknesses* (fraquezas), *opportunities* (oportunidades) e *threats* (ameaças). No Brasil, identificamos pela abreviatura Fofa.

Amanda Imme explica que essa ferramenta, também oriunda dos estudos de marketing, auxilia no planejamento estratégico que engloba a análise de cenários para a tomada de decisões. Ela já foi aprimorada e adaptada a diversas operações em razão de sua popularidade, da rapidez e dos resultados efetivos. É possível também aplicá-la na gestão de carreira, pelo auxílio que ela pode proporcionar para o autoconhecimento.

	FATORES POSITIVOS	FATORES NEGATIVOS
FATORES INTERNOS	**S**TRENGTHS (FORÇAS) São as vantagens que o profissional possui em relação aos concorrentes; seus diferenciais competitivos, as aptidões mais fortes do seu perfil. Podem dizer respeito também aos elementos internos que beneficiam as suas competências.	**W**EAKNESSES (FRAQUEZAS) São pontos que podem interferir negativamente no desenvolvimento da carreira de uma pessoa. Essa etapa exige muita sinceridade por parte do realizador da análise SWOT, afinal é preciso identificar os "defeitos" para que esse método faça sentido. As fraquezas encontradas precisam, então, ser examinadas e observadas de forma individual. Assim, será possível resolver os problemas que elas estão gerando. O ideal seria solucioná-los a curto prazo, mas, se não for possível, deve-se traçar um plano a médio ou a longo prazo.
FATORES EXTERNOS	**O**PPORTUNITIES (OPORTUNIDADES) Nada mais são do que forças externas que impactam positivamente a gestão de carreira. Normalmente, o profissional não tem como controlá-las, mas pode usufruir delas. Além disso, elas podem surgir a qualquer momento, e o ideal é que o profissional esteja preparado. Podem ser uma promoção, uma mudança de empresa, de setor, de gestor, de cidade, de estado ou mesmo de país.	**T**HREATS (AMEAÇAS) Ameaças são o contrário das oportunidades: forças externas que influenciam negativamente o desenvolvimento. É necessário saber de seus medos e receios. Conhecer antecipadamente as ameaças pode contribuir com o profissional.

Para que o planejamento de carreira seja competente, é imprescindível potencializar ao máximo o item "Forças". Ter a consciência dos assuntos que domina será de grande valor. É importante também saber aproveitar as oportunidades e reduzir os pontos fracos. Ter senso de urgência contribui para neutralizar os riscos.

Vale ressaltar que as metas devem ser concretas para o objetivo ser atingido. Não adianta colocar prazos impossíveis para a realização dentro do planejamento de carreira. Isso pode ser frustrante.

PLANEJAMENTO

- Enxergar qual é a sua posição hoje dentro da empresa.
- Saber o que o mercado espera de você como profissional e aonde quer chegar daqui a um, três e cinco anos.
- Listar competências atuais para identificar o que precisa desenvolver para atingir os objetivos.
- Definir ações com prazos para desenvolver a carreira (cursos, intercâmbio, MBA, mestrado, doutorado).
- Fazer ajustes no plano, se necessário.
- Assumir o controle da sua carreira.

AÇÕES PARA FAZER GESTÃO DE CARREIRA

- **DESENVOLVER A INTELIGÊNCIA EMOCIONAL.** Isso envolve a capacidade de reconhecer seus próprios sentimentos e os dos outros. É uma característica fundamental na gestão de carreira, pois potencializa o autoconhecimento e melhora sensivelmente o relacionamento interpessoal.
- **FAZER A ANÁLISE SWOT.** Essa ferramenta contribui para reflexões estratégicas sobre a carreira.

- **PEDIR FEEDBACK.** O *feedback* será sempre útil para qualquer profissional. É importante pedir constantemente *feedback* para os gestores e, com isso, ter conhecimento dos pontos a serem melhorados no trabalho.
- **CULTIVAR BONS RELACIONAMENTOS.** Manter uma boa rede de contatos faz a diferença. Redes sociais profissionais podem contribuir para estar conectado ao mercado de trabalho.
- **APROVEITAR A TECNOLOGIA.** O LinkedIn é uma grande vitrine e permite trabalhar o marketing pessoal, criar conexões e monitorar oportunidades.
- **APRENDER A GERENCIAR SEU TEMPO.** Esse é um fator que influencia positivamente a produtividade e aumenta as chances de crescimento profissional. Quando o tempo é utilizado com qualidade, a pessoa consegue aprender mais e buscar formas de acelerar a carreira.
- **ACEITAR E PROPOR EXPERIÊNCIAS.** Experimentar coisas novas, sair da zona de conforto. Sair da caixa significa não ficar preso à rotina, buscar novas oportunidades de carreira.

PARA ENCERRAR

Gestão de carreira, como pôde ser visto aqui, é a combinação de planejamento estruturado e escolha de atividades que quer desenvolver.

Cabe a cada pessoa fazer uma análise criteriosa de seu histórico profissional, para que, a partir daí, comece a traçar novos rumos.

A gestão de carreira deve ter um acompanhamento contínuo e rigoroso. É necessário estudar as mudanças do mercado de trabalho, bem como os objetivos e metas.

O mercado de trabalho não dará oportunidades a pessoas sem a qualificação exigida para determinada vaga. É válido ressaltar que o aprimoramento deve ocorrer por meio de estudo.

Os profissionais de atendimento, recepção e secretariado podem diversificar sua atuação e ascender na empresa, ocupando cargos de liderança e gestão.

Como ressalta o artigo "O RH e a gestão de carreira", não estamos falando aqui apenas de elaborar um plano determinado, mas de um desenho de trajetórias possíveis a quem está disposto a se desenvolver. De um lado, os colaboradores possuem competências, habilidades, expectativas e interesses em relação à ascensão profissional. Do outro, a empresa possui objetivos e metas a serem alcançados por meio dos profissionais.

Quando os dois lados estão alinhados, é possível conciliar os aspectos individuais e empresariais, tornando o ambiente favorável à motivação e ao desenvolvimento.

REFERÊNCIAS

AgendaAí. **O que é e como funciona uma agenda online?** [s. d.]. Disponível em: http://blog.agendaai.com.br/o-que-e-e-como-funciona-uma-agenda-online/. Acesso em: 2 maio 2020.

ALBRECHT, Karl. **Revolução nos serviços**: como as empresas podem revolucionar a maneira de tratar os seus clientes. 5. ed. São Paulo: Pioneira, 1998.

ALMEIDA, Sérgio. **Ah! Eu não acredito**: como cativar o cliente através de um fantástico atendimento. Salvador: Casa da Qualidade, 2001.

ALMEIDA, Walkiria Aparecida Gomes de. **Competências dos profissionais de secretariado de empresas nacionais, nacionais internacionalizadas e estrangeiras no Brasil**. 2016. Dissertação (Mestrado) – Escola Superior de Propaganda e Marketing, São Paulo, 2016. Disponível em: https://tede2.espm.br/bitstream/tede/40/1/Walkiria%20Aparecida%20Gomes%20de%20Almeida.pdf. Acesso em: 15 abr. 2020.

ALONSO, Maria Ester Cambréa. **A arte de assessorar executivos**. São Paulo: Pulsar, 2002.

ARAÚJO, Maria Aparecida A. **Etiqueta empresarial**. Rio de Janeiro: Qualitymark, 2004.

ARNECKE, Márcio. O novo perfil do profissional de atendimento ao cliente. **Mundo RH**, 8 set. 2016. Disponível em: https://www.mundorh.com.br/o-novo-perfil-do-profissional-de-atendimento-ao-cliente/. Acesso em: 17 abr. 2020.

AUN, Michael A. **É o cliente que importa**. Rio de Janeiro: Sextante, 2012.

BAPTISTA, Isabel; GOLL, Nancy. **Curso de organização de eventos**. São Paulo: Eventtus, 2000.

BARROS, Claudius D'artagnan C. **Excelência em serviços**: uma questão de sobrevivência no mercado. 2. ed. Rio de Janeiro: Qualitymark, 1999.

BOND, Maria Thereza; OLIVEIRA, Marlene de. **Manual do profissional de secretariado**: conhecendo as técnicas secretariais. 20. ed. Curitiba: IBPEX, 2008.

BRASIL. Ministério da Defesa. Departamento de Controle do Espaço Aéreo. **Alfabeto fonético**. Disponível em: https://www.decea.gov.br/index.cfm?i=utilidades&p=glossario&single=2154. Acesso em: 13 jun. 2020.

CANDELORO, Raúl; ALMEIDA, Sérgio. **Correndo pro abraço**: como vender mais fazendo com que o cliente compre sempre. 15. ed. Salvador: Casa da Qualidade, 2002.

CONNELLAN, Tom. **Nos bastidores da Disney**: os segredos do sucesso da mais poderosa empresa de diversões do mundo. 22. ed. São Paulo: Saraiva, 2010.

Fórum. **Entenda o que é compliance e descubra os principais benefícios para as empresas**. [s. d.]. Disponível em: https://www.editoraforum.com.br/noticias/entenda-o-que-e-compliance-e-descubra-os-principais-beneficios-para-as-empresas/. Acesso em: 19 maio 2020.

GOLEMAN, Daniel. **Inteligência emocional**: a teoria revolucionária que redefine o que é ser inteligente. São Paulo: Objetiva, 2019.

Guia da carreira. **Gestão da informação**. [s. d.]. Disponível em: https://www.guiadacarreira.com.br/profissao/gestao-da-informacao/. Acesso em: 2 maio 2020.

Guia da carreira. **O que é ética profissional?** [s. d.]. Disponível em: https://www.guiadacarreira.com.br/carreira/o-que-e-etica-profissional/. Acesso em: 17 maio 2020.

HUNTER, James C. **O monge e o executivo**: uma história sobre a essência da liderança. Rio de Janeiro: Sextante, 2004.

IMME, Amanda. **Tudo sobre análise SWOT**: o que é, como fazer e muito mais!, 17 out. 2019. Disponível em: https://resultadosdigitais.com.br/blog/analise-swot/?. Acesso em: 7 out. 2020.

JARDIM, Alexandre. **Perfil do atendente**. Disponível em: https://sites.google.com/site/qualidadenoatender/modulo-2/perfil-do-atendente. Acesso em: 15 abr. 2020.

KOTLER, Philip. **Administração de marketing**: análise, planejamento, implementação e controle. 5. ed. São Paulo: Atlas, 1998.

LINGUAGEM corporal: os gestos e significados que todos deveriam conhecer! **SJonline**, 3 out. 2019. Disponível em: https://saojoaquimonline.com.br/variedades/2019/10/03/linguagem-corporal-os-gestos-e-os-significados-que-todos-deveriam-conhecer/. Acesso em: 15 jul. 2020.

LONGEN, Andrei S. O que é armazenamento em nuvem? **Weblink**. 7 nov. 2018. Disponível em: https://www.weblink.com.br/blog/o-que-e-armazenamento-em-nuvem. Acesso em: 20 maio 2020.

LUZ, Olenka Ramalho. **Cerimonial, protocolo e etiqueta**: introdução ao cerimonial do Mercosul: Argentina e Brasil. São Paulo: Saraiva, 2005.

MARSHALL JUNIOR, Isnard. Certificação ambiental em empresas industriais: o caso Bayer e os reflexos na conscientização de seus funcionários e famílias. **Revista de Administração Pública**, Rio de Janeiro, v. 3, n. 35, p. 77-106, maio-jun. 2001.

MARUCCO, Bernardo. **Qual o impacto da inteligência artificial no atendimento da empresa?**, 11 fev. 2020. Disponível em: https://conteudo.movidesk.com/inteligencia-artificial-no-atendimento/?. Acesso em: 7 out. 2020.

MATIAS, Marlene. **Organização de eventos**: procedimentos e técnicas. Barueri: Manole, 2004.

MAXIMIANO, Antonio Cesar A. **Introdução à administração**. 3. ed. São Paulo: Atlas, 1992.

MAZULO, Roseli; LIENDO, Sandra. **Secretária**: rotina gerencial, habilidades comportamentais e plano de carreira. São Paulo: Editora Senac São Paulo, 2010.

MEDEIROS, João Bosco; HERNANDES, Sonia. **Manual da secretária**: técnicas de trabalho. 11. ed. São Paulo: Atlas, 2009.

MEDEIROS, Martha. A elegância no comportamento. **Zero Hora**, Porto Alegre, 2001. Disponível em: https://www.oblogdomestre.com.br/2012/03/elegancia-no-comportamento.html. Acesso em: 10 jun. 2020.

MEIRELLES, Gilda Fleury. **Protocolo e cerimonial**: normas, ritos e pompa. 3. ed. São Paulo: Ibradep, 2006.

NEIVA, Edméa Garcia; D'ELIA, Maria Elizabete Silva. **As novas competências do profissional do secretariado**. 3. ed. São Paulo: IOB, 2014.

O RH e a gestão de carreira. [s. d.]. Disponível em: http://blogrh.com.br/rh-gestao-de-carreira/?. Acesso em: 7 out. 2020.

PALIS, Daniel. Marketing de relacionamento: fidelize seus clientes. **Calina Marketing Digital**. [s. d.]. Disponível em: https://calina.ag/artigos/marketing-de-relacionamento?. Acesso em: 7 out. 2020.

Paternolli & Pereira. **Entenda o compliance e suas vantagens para a empresa**. 28 jul. 2017. Disponível em: http://www.petp.adv.br/noticias-artigos/compliance-e-vantagens/. Acesso em: 18 maio 2020.

PAULA, Felipe de. **Ética no atendimento ao cliente**: condutas recomendadas! 15 jul. 2019. Disponível em: https://conteudo.movidesk.com/etica-no-atendimento-ao-cliente/. Acesso em: 18 maio 2020.

PERFORMANCE RESEARCH ASSOCIATES. **Atendimento nota 10**: tudo o que você precisa saber para prestar um excelente serviço e fazer com que os clientes voltem sempre. 3. ed. Rio de Janeiro: Sextante, 2008.

PINTO, José Augusto Rodrigues. **O destino do homem no mundo novo da inteligência artificial**. [s. d.]. Disponível em: http://www.andt.org.br/f/O%20 destino%20do%20homem%20no%20mundo%20novo%20da%20intelig %C3%AAncia%20artificial.pdf. Acesso em: 7 out. 2020.

PONTE, Mario. O que é assertividade? **Marioponte.net**, 20 dez. 2019. Disponível em: https://psimarioponte.net/index.php/2019/?. Acesso em: 7 out. 2020.

Portal Educação. **A história da organização ISO**. [s. d.]. Disponível em: https://siteantigo.portaleducacao.com.br/conteudo/artigos/educacao/a-historia-da organizacao-iso/40732. Acesso em: 5 mar. 2020.

Portal Educação. **Comunicação escrita**. [s. d.]. Disponível em: https://siteantigo.portaleducacao.com.br/conteudo/artigos/educacao/comunicacao-escrita /17560. Acesso em: 13 mar. 2020.

POSITIVO TECNOLOGIA. A importância da gestão da informação para o sucesso de um negócio. **Panorama Positivo**, 25 mar. 2019. Disponível em: https://www.meupositivo.com.br/panoramapositivo/gestao-da-informacao/. Acesso em: 22 abr. 2020.

RIZZI, Márcia; SITA, Maurício (org.). **Ser mais em excelência no atendimento ao cliente**. São Paulo: Ser Mais, 2012. (Coleção Ser +)

SILVA, Fábio Gomes da; ZAMBON, Marcelo Socorro (org.). **Gestão do relacionamento com o cliente**. 2. ed. São Paulo: Cengage Learning, 2008.

TEIXEIRA, Rafael Fialho. Gestão de atendimento: saiba qual é o perfil desejável para um profissional de atendimento. **Desk Manager**, 14 jun. 2017. Disponível em: https://blog.deskmanager.com.br/profissional-de-atendimento/. Acesso em: 17 abr. 2020.

VEIGA, Denize Rachel. **Guia de secretariado**: técnicas e comportamento. 2. ed. São Paulo: Érica, 2007.

WITTELI. **Atendimento eletrônico**: 6 ideias para atingir mais canais. Disponível em: https://blog.wittel.com/atendimento-eletronico/. Acesso em: 5 maio 2020.

ÍNDICE GERAL

A

Ações corretivas, 146

Ações para fazer gestão de carreira, 163

Agenda, 102

Agradecimentos, 9

Alfabético (método de arquivamento), 98

Alfabeto fonético internacional, 74

Alfanumérico (método de arquivamento), 99

Alguns motivos da falta de ética no atendimento ao cliente, 27

Ambientação, 135

Analisar pedidos, reclamações e sugestões com profissionalismo, 82

Análise SWOT, 161

Analogia com os 4 Ps do marketing, A, 160

Antecipar-se para resolver os problemas, 84

Aprendendo a lidar com todos os perfis, 46

Apresentações, 36

Armazenamento em nuvem, 95

Arquivo, 95

Arquivos, agenda e *follow-up*, 93

Arquivos digitais, 100

Arte de recepcionar o cliente, A, 67

Assertividade: item importante a ser observado, 53

Ata, 116

Atenção, 37

Atendimento, O, 57

Atendimento digital, 78

Atendimento padronizado e, ao mesmo tempo, personalizado, 43

Atendimento telefônico, 71

Atraso das autoridades, 153

Autoatendimento (*chatbot*), 80

B

Bagagem de mão, 111

Benefícios da adoção do *compliance*, 30

Big Data, 95

Brindes, 136

C

Canais de atendimento, 71

Canais de relacionamento bem utilizados, 55

Case de atendimento da Disneyworld, O, 49

Cerimonial e protocolo, 147

Chat, 79

Checagem da organização, 146

Check-list: bagagem de mão, 111

Check-list: viagem aérea, 109

Check-list: viagem internacional, 110

Check-list: viagem rodoviária, 107

Cliente, O, 39

Cliente satisfeito × cliente plenamente satisfeito, 49

Código de conduta ética organizacional, 28

Códigos de ética, 27

Código de ética profissional, 27

Como agir e o que evitar, 75

    Exemplo 1, 75

    Exemplo 2, 75

    Exemplo 3, 75

Exemplo 4, 76

Exemplo 5, 76

Exemplo 6, 76

Exemplo 7, 77

Exemplo 8, 77

Exemplo 9, 77

Como aplicar o marketing de relacionamento?, 54

Como executar bem o *follow-up*?, 104

Como fazer uma gestão estratégica da carreira?, 159

Competência e globalização, 22

Compliance, 29

Compliance na mídia, 30

Composição da mesa diretiva, 148

Comunicação, 61

Comunicação eficiente, 65

Comunicação personalizada, 55

Comunicar-se da forma adequada, 83

Conduta ética ajuda a conquistar e manter seu emprego, 25

Considerações finais sobre viagens, 112

Contato com o cliente, O, 72

Cumprir o prometido, 82

D

Definição de data e horário, 134

Definição de recursos humanos, 144

Definição de recursos materiais, 141

Depois da viagem, 112

Desenvolvimento do plano de marketing, 140

Desenvolvimento do plano financeiro, 145

Detalhes de viagens internacionais, 110

Discurso, 149

Duração do evento, 135

E

Elaboração do projeto, 138

Em caso de reunião presencial, 120

Em caso de reunião virtual, 120

E-mail, 79

Encantar o cliente em todas as etapas, 82

Escolha da plataforma para transmissão *streaming*, 134

Escolha de tema, 134

Espaços de eventos, 139

Estratégias para um atendimento excelente, 81

Etapas da organização e o *check-list*, As, 137

Etapas do planejamento e da realização de uma reunião interna, 119

Ética e *compliance*, 25

Etiqueta, 33

Evento *on-line*, 133

Evite termos inadequados e gírias, 66

Exemplo de pesquisa de satisfação, 85

F

Fale a mesma linguagem do cliente, 65

Fatores importantes na ética, 26

Fazer a entrega do produto ou serviço com muita qualidade, 83

Fazer o pós-venda, 83

Feedback, 64

Finalização (reunião), 124

Foco, disciplina e organização, 161

Follow-up, 103

G

Geográfico (método de arquivamento), 99

Gestão da informação, 93

Gestão de carreira, 155

I

Imagem, 37

Importância da ética no atendimento ao cliente, 26

Imprevistos, 135

Informações preliminares, 106

Itens de relacionamento com o cliente, 52

L

Layouts de mesa, 122

"Leis" do profissional de atendimento, As, 22

Levantamento de custos de infraestrutura, 140

M

Mais estratégias, 87

Mais sobre a bandeira nacional, 151

Mais sobre o hino nacional, 151

Marketing de relacionamento, 53

Mercado de trabalho, 11

Mestre de cerimônias ou cerimonialista?, 147

Métodos de arquivamento, 98

Modelo básico de ata, 117

Modelo básico de pauta, 114

Motivar o cliente realizando ações pontuais, 82

N

Noções e conceitos (comunicação), 61

Nota do editor, 7

Numérico (método de arquivamento), 98

O

O que é (gestão de carreira), 157

O que é ética profissional?, 25

O que o mercado espera, 15

O que o seu cliente espera?, 51

Organização (atendimento telefônico), 71

Organização da sala (em caso de reunião presencial), 121

Organização de eventos profissionais, 125

Organização de reuniões, 113

Organização de viagens, 105

Organização de viagens aéreas, 108

Organização de viagens rodoviárias, 107

Outras observações sobre bandeiras, 152

P

Para encerrar (etiqueta), 38

Para encerrar (gestão de carreira), 164

Participação da secretária, 121

Passo a passo de um atendimento com qualidade – do agendamento à visita do cliente, 70

Passo a passo para planejar o arquivamento, 97

Pauta, 113

Perfil do profissional, 15

Perfil ideal, 22

Pesquisa e visitas a espaços de eventos, 139

Planejamento (gestão de carreiras), 163

Plano de marketing, 140

Plano financeiro, 145

Por assunto (método de arquivamento), 100

Pós-reunião, 124

Praticar a empatia, 83

Pré-evento ou planejamento, 138

Preparação (reunião), 119

Principais tipos de carreiras, 158

Projeto, 138

Q

Quais são as estratégias?, 82

R

Realizar pesquisas de satisfação, 84

Recursos humanos, 144

Recursos materiais, 141

Redes sociais, 79

Referências, 167

Representação, 149

Reuniões externas, 119

Reuniões internas com convidados externos, 118

Reuniões internas sem convidados externos, 118

S

Saiba ouvir, 65

Sete pecados do atendimento, 69

Sete virtudes do atendimento, 68

Símbolos nacionais, 150

Sinais enviados pelo cliente, 63

Sistema de CRM, 54

Site, 78

Surpreender o cliente, 84

T

Tabela de temporalidade, 100

Técnicas secretariais, 89

Tecnologias que intensificam o uso da informação, 94

Tipos de clientes, 44

Tipos de evento, 129

Tipos de reunião, 117

Trajes, calçados e acessórios adequados, 34

Transformando o cliente em parceiro e divulgador da empresa, 51

Treinamento é necessário, 24

Três fórmulas de atendimento ao cliente, As, 48

U

Utilize o tom de voz e o ritmo de fala certos, 65

V

Valor do cliente, O, 47

Valorizar os canais de atendimento 84

Vestimenta, 34

Vestuário no trabalho, 35

W

WhatsApp e Telegram, 80